O que as pessoas mentalmente fortes <u>*NÃO*</u> fazem

Amy Morin

O que as pessoas mentalmente fortes *NÃO* fazem

Traduzido por José Eduardo Mendonça

SEXTANTE

Título original: *13 Things Mentally Strong People Don't Do*

Copyright © 2015 por Amy Morin
Copyright da tradução © 2015 por GMT Editores Ltda.

Todos os direitos reservados. Nenhuma parte deste livro pode ser utilizada ou reproduzida sob quaisquer meios existentes sem autorização por escrito dos editores.

coordenação editorial: Juliana Souza
produção editorial: Carolina Vaz
preparo de originais: Rafaella Lemos
revisão: Hermínia Totti, Jean Marcel Montassier e Raphani Margiotta
diagramação: Ana Paula Daudt Brandão
capa: Natali Nabekura
impressão e acabamento: Associação Religiosa Imprensa da Fé

CIP-BRASIL. CATALOGAÇÃO NA PUBLICAÇÃO
SINDICATO NACIONAL DOS EDITORES DE LIVROS, RJ

M85q
    Morin, Amy, 1979-
      O que as pessoas mentalmente fortes não fazem / Amy Morin ; tradução José Eduardo Mendonça. - 1. ed. - Rio de Janeiro : Sextante, 2024.
      272 p. ; 21 cm.

      Tradução de: 13 things mentally strong people don't do
      ISBN 978-65-5564-881-2

      1. Psicologia positiva. 2. Autorrealização (Psicologia). 3. Desenvolvimento pessoal. I. Mendonça, José Eduardo. II. Título.

24-91345   CDD: 158.1
                                        CDU: 159.923.2

Gabriela Faray Ferreira Lopes - Bibliotecária - CRB-7/6643

Todos os direitos reservados, no Brasil, por
GMT Editores Ltda.
Rua Voluntários da Pátria, 45 – 14º andar – Botafogo
22270-000 – Rio de Janeiro – RJ
Tel.: (21) 2538-4100
E-mail: atendimento@sextante.com.br
www.sextante.com.br

*Para todos aqueles que batalham
por serem melhores hoje
do que eram ontem.*

SUMÁRIO

INTRODUÇÃO 9

O QUE É FORÇA MENTAL? 17

1. NÃO PERDEM TEMPO SENTINDO PENA DE SI MESMAS 25
2. NÃO ABREM MÃO DE SEU PODER 43
3. NÃO EVITAM A MUDANÇA 61
4. NÃO SE CONCENTRAM NAQUILO QUE NÃO PODEM CONTROLAR 81
5. NÃO TENTAM AGRADAR TODO MUNDO 100
6. NÃO TÊM MEDO DE CORRER RISCOS 119
7. NÃO FICAM PRESAS AO PASSADO 139
8. NÃO COMETEM O MESMO ERRO VÁRIAS VEZES 155
9. NÃO SE INCOMODAM COM O SUCESSO DOS OUTROS 171
10. NÃO DESISTEM DEPOIS DO PRIMEIRO FRACASSO 189
11. NÃO EVITAM FICAR SOZINHAS 205
12. NÃO SENTEM QUE O MUNDO LHES DEVE ALGUMA COISA 224
13. NÃO ESPERAM RESULTADOS IMEDIATOS 239

CONCLUSÃO MANTENDO A FORÇA MENTAL 257
REFERÊNCIAS 263

INTRODUÇÃO

Quando eu tinha 23 anos, minha mãe morreu subitamente de aneurisma cerebral. Ela sempre foi uma mulher saudável e batalhadora, que amou a vida até seu último minuto na Terra. A propósito, eu a vi na noite anterior. Fomos assistir a uma partida de basquete. Ela riu e se divertiu, como sempre. Mas 24 horas depois, partiu. A morte de minha mãe me afetou profundamente. Não conseguia imaginar viver o resto da vida sem seus conselhos, suas risadas e seu amor.

Na época, eu trabalhava como terapeuta em um centro comunitário de saúde mental e tirei algumas semanas de licença para processar minha dor. Sabia que não conseguiria ajudar outras pessoas se não fosse capaz de lidar com meus próprios sentimentos de forma produtiva. Não seria fácil me acostumar a uma vida sem a presença de minha mãe. Precisei me esforçar muito para dar a volta por cima. Eu havia estudado psicologia e sabia que não é verdade que o tempo cura tudo – o modo como lidamos com os problemas é que determina quando vamos nos curar. Entendi que o luto era um processo necessário que mais cedo ou mais tarde aliviaria minha dor e, assim, me permiti ficar triste, com raiva e aceitar por completo o que de fato eu tinha perdido quando minha mãe se foi. Eu não só sentia saudade dela como também percebia com tristeza que minha mãe nunca mais estaria presente nos acontecimentos importantes da minha vida e que nunca vivenciaria algumas coisas com as quais ela tinha sonhado – como se aposentar e ter um neto. Com o apoio dos amigos e da família e da minha fé em Deus, pude encontrar um pouco de paz. E, à medida que a vida seguiu em frente, consegui passar a pensar em minha mãe com um sorriso, não com pontadas de tristeza.

Tempos depois, na semana do terceiro aniversário da morte de minha mãe, eu e meu marido, Lincoln, conversamos sobre qual seria a melhor maneira de honrar sua memória. Alguns amigos tinham nos convidado para assistir a uma partida de basquete no sábado à noite. Por coincidência, seria no mesmo local onde havíamos visto minha mãe pela última vez. Lincoln e eu ficamos nos perguntando como seria voltar lá três anos depois.

Decidimos que seria um modo maravilhoso de celebrar sua vida. Afinal de contas, minhas lembranças daquela noite eram muito boas. Rimos e tivemos a oportunidade de falar sobre todo tipo de coisas. Foi uma grande noite. Minha mãe até havia previsto que minha irmã se casaria com o namorado – algo que se confirmou poucos anos depois.

Então Lincoln e eu fomos ao jogo e nos divertimos na companhia de nossos amigos. Sabíamos que teria sido o desejo de minha mãe. Foi ótimo voltar lá e me sentir em paz. Mas no momento em que suspirava aliviada pensando que finalmente havia conseguido lidar com a morte dela, toda a minha vida virou de cabeça para baixo outra vez.

Quando voltamos para casa, Lincoln se queixou de dor nas costas. Ele quebrara diversas vértebras em um acidente de carro poucos anos antes, portanto essas dores já haviam se tornado habituais. Só que, dessa vez, ele desmaiou. Chamei os paramédicos, que chegaram em poucos minutos e o levaram para o hospital. Liguei para a minha sogra e a família dele me encontrou na sala de espera do pronto-socorro. Eu não fazia ideia do que poderia haver de errado com ele.

Depois de alguns minutos, fomos chamados a uma sala privativa. Antes que o médico dissesse uma única palavra, eu já sabia o que ele ia falar. Lincoln havia falecido. Ele tivera um ataque do coração.

No mesmo fim de semana que tínhamos honrado o terceiro aniversário da morte de minha mãe, eu fiquei viúva. Aquilo não fazia sentido. Lincoln tinha apenas 26 anos e nenhum histórico de problemas cardíacos. Como ele poderia estar aqui num minuto e não mais no seguinte? Ainda estava me ajustando à vida sem minha mãe; agora tinha que aprender a lidar com a vida sem meu marido. Não podia imaginar como superaria aquilo.

Lidar com a morte de um cônjuge é uma experiência surreal. Havia muitas escolhas a serem feitas num momento em que eu realmente não estava em condições de decidir coisa alguma. Em poucas horas tive que começar a tomar decisões a respeito de tudo, dos preparativos para o funeral ao discurso que eu faria na missa. Não havia tempo para de fato assimilar a realidade daquela situação. Era completamente sufocante.

No entanto, tive sorte de ter ao meu lado muitas pessoas me apoiando. O luto é um processo individual, mas ter amigos e familiares amorosos por perto com certeza ajuda. Havia horas em que parecia ficar um pouco mais fácil; outras vezes, tudo piorava. Quando achava que estava ficando melhor, me pegava descobrindo uma dor devastadora à espreita. Viver o luto é trilhar um caminho emocional, mental e fisicamente exaustivo.

Havia também muitos motivos para tristeza. Eu me sentia triste pela família do meu marido – sabendo quão amado ele era –, por tudo que ele nunca vivenciaria e por todas as coisas que nunca faríamos juntos, sem mencionar a enorme saudade.

Fiquei afastada do trabalho o máximo de tempo que pude. Na minha memória, aqueles meses formam um grande borrão. Eu estava concentrada apenas em dar um passo de cada vez, todos os dias. Mas não podia fugir do trabalho para sempre. Agora eu tinha somente uma fonte de renda e precisava mantê-la.

Depois de uns dois meses, meu supervisor me telefonou e perguntou sobre meus planos de voltar ao trabalho. Haviam dito a meus pacientes que eu ficaria afastada por tempo indeterminado por causa de uma emergência familiar. Não sabiam ao certo quando eu voltaria, já que ninguém tinha certeza do que iria acontecer. Mas agora precisavam de uma resposta. Eu ainda não tinha superado a tristeza e sem dúvida não estava "melhor", mas precisava voltar ao trabalho.

Como acontecera após a morte de minha mãe, eu tinha que me permitir encarar o sofrimento de frente. Não havia como ignorá-lo ou fugir dele. Precisava passar pela dor e, ao mesmo tempo, ser proativa, tentando encontrar um jeito de me curar. Não podia me permitir ficar estagnada em minhas emoções negativas. Embora fosse mais fácil sentir pena de mim mesma ou me concentrar nas memórias do passado, eu sabia que isso não seria saudável. Eu precisava fazer uma escolha consciente para começar a trilhar a longa estrada de reconstrução da minha vida.

Era necessário decidir se alguns dos objetivos que Lincoln e eu partilhávamos ainda seriam minhas metas. Planejávamos adotar uma criança. Mas será que eu estava disposta a encarar esse desafio sozinha? Nos anos que se seguiram, ajudei crianças que precisavam de uma família, conseguindo lares emergenciais e temporários, mas ainda não estava certa de que queria adotar sem Lincoln.

Também tinha que estabelecer novos objetivos, agora que estava sozinha. Decidi me aventurar e tentar coisas diferentes. Tirei a carteira de motociclista e comprei uma moto. Comecei também a escrever. No início era só um passatempo, mas logo acabou se tornando um trabalho de meio período. Precisava também rever minhas relações identificando quais amigos de Lincoln continuariam em meu círculo de amizade e definindo qual seria meu relacionamento com a família dele. Para minha sorte, muitos de seus amigos mais íntimos mantiveram a amizade comigo e sua família continuou a me tratar como parte dela.

Cerca de quatro anos depois, tive a sorte de reencontrar o amor. Ou talvez deva dizer que o amor me encontrou. Eu já estava me acostumando com a vida de solteira, mas tudo mudou quando comecei a sair com Steve. Já nos conhecíamos havia anos, e pouco a pouco nossa amizade se transformou em um relacionamento. A certa altura, começamos a pensar em um futuro juntos. Embora eu achasse que nunca iria casar de novo, com Steve essa parecia ser a coisa certa a fazer.

Eu não queria um casamento formal ou uma recepção que lembrasse o que havia tido com Lincoln. Embora soubesse que meus convidados ficariam encantados por eu me casar de novo, também sabia que isso deixaria as pessoas com o coração apertado quando se lembrassem de Lincoln. Não queria que o dia do meu casamento fosse uma ocasião sombria, então Steve e eu decidimos fugir dos padrões. Viajamos para Las Vegas e vivemos momentos muito felizes, concentrados em nosso amor e em nossa felicidade.

Quase um ano depois de nos casarmos, resolvemos vender a casa na qual Lincoln e eu tínhamos morado e nos mudamos para um lugar a algumas horas de distância. Ficaríamos mais perto de minha irmã e minhas sobrinhas e teríamos a oportunidade de recomeçar. Arrumei emprego em um consultório médico de prestígio e estávamos ansiosos para desfrutar nosso futuro juntos. Quando a vida parecia correr muito bem, nossa estrada para a felicidade fez outra estranha curva ao descobrirmos que o pai de Steve estava com câncer.

De início, os médicos previram que seu tratamento manteria a doença sob controle por muito tempo. Mas apenas alguns meses depois, ficou claro que ele não sobreviveria sequer por um ano.

Haviam tentado várias terapias alternativas, mas nada funcionava. Com o passar do tempo, os médicos ficaram cada vez mais perplexos com sua falta de resposta ao tratamento. Depois de cerca de sete meses, as opções tinham se esgotado.

A notícia me atingiu como um soco no estômago. Rob era tão cheio de vida. Era o tipo de sujeito que sempre tirava uma moeda de trás da orelha de uma criança e contava algumas das histórias mais engraçadas que já ouvi. Nós nos víamos com frequência, porque, apesar de ele morar em Minnesota e nós no Maine, era aposentado e tinha a disponibilidade de ficar conosco por várias semanas. Eu sempre brincava que ele era meu hóspede favorito – porque basicamente era o único.

Rob era também um dos maiores fãs das coisas que eu escrevia. Lia tudo, fosse um artigo sobre educação dos filhos ou psicologia. Ele sempre me ligava dando ideias para histórias e sugestões.

Embora tivesse 72 anos, parecia jovem demais para estar doente. Até os 71, cruzava o país de motocicleta, velejava pelo lago Superior e viajava pelo interior em seu conversível com a capota arriada. Mas agora estava muito debilitado e – os médicos deixaram claro – ficaria ainda pior.

Dessa vez tive uma experiência diferente com a morte. Minha mãe e Lincoln morreram de forma súbita e inesperada. Mas agora eu tivera um alerta. Sabia o que vinha pela frente, e isso me enchia de pavor.

Eu me vi pensando: *aqui vamos nós de novo*. Não queria passar por uma perda tão terrível outra vez. Não parecia certo. Conheço muitas pessoas da minha idade que nunca perderam ninguém. Por que eu tinha que perder tantos entes queridos? Eu me sentei à mesa pensando em como isso era injusto, como seria difícil e quanto queria que as coisas fossem diferentes.

Mas eu também sabia que não podia chegar ao fundo do poço. No final das contas, tinha passado por tudo aquilo antes e sabia que ficaria bem novamente. Não me traria benefício algum cair na armadilha de pensar que minha situação era pior que a de qualquer outra pessoa ou me convencer de que não podia dar conta de mais uma perda. Isso apenas me impediria de lidar com a situação.

Foi nesse momento que comecei a escrever minha lista das "13 coisas que as pessoas mentalmente fortes não fazem". Eram os hábitos contra os quais eu havia lutado tanto durante meu processo de luto. Eram as atitudes que me impediriam de melhorar se eu permitisse que se apoderassem de mim.

Não era de surpreender que fossem os mesmos recursos que eu ensinava aos pacientes no meu consultório de terapia. Mas era necessário escrevê-los para me manter focada. Era um lembrete de que eu poderia tomar a decisão de ser mentalmente forte. E eu precisava ser forte, porque Rob morreu poucas semanas depois de eu escrever a lista.

Psicoterapeutas são conhecidos por ajudar os outros a encontrar força, orientando-os sobre como devem agir e fazer o possível para melhorar. Mas quando criei minha lista sobre a força mental, decidi me desviar um pouco do que para mim eram hábitos arraigados. Assim, me concentrei no que *não fazer*. Bons hábitos são importantes, mas com frequência são os maus hábitos que nos impedem de alcançar nosso pleno potencial. Você pode ter todos os bons hábitos do mundo, mas se continuar cultivando os maus, vai enfrentar dificuldades para alcançar suas metas. Pense da seguinte maneira: você só pode ser tão bom quanto seus piores hábitos.

Maus hábitos são como um peso que você carrega por aí à medida que segue seu dia. Eles o deixam mais lento, cansado e frustrado. Apesar de seu trabalho árduo e de seu talento, você vai precisar lutar para atingir seu pleno potencial se cultivar certos pensamentos, comportamentos e sentimentos que funcionam como obstáculos em seu caminho.

Imagine um homem que toma a decisão de ir para a academia todos os dias. Ele malha durante quase duas horas e mantém um registro rigoroso dos exercícios para poder acompanhar o progresso. Em seis meses, não percebe qualquer mudança. Sente-se frustrado por não estar perdendo peso e ganhando músculos. Diz aos amigos e familiares que não está se sentindo melhor. Afinal de contas, ele raramente perde um dia de academia. No entanto, o problema é que ele gosta de saborear uma guloseima no caminho de volta para casa. Depois de tanto exercício, sente fome e diz a si mesmo: "Me esforcei muito hoje. Mereço uma recompensa!" E, assim, todo dia, come uma dúzia de donuts na volta para casa.

Parece ridículo, não é? Mas todos nós reproduzimos esse tipo de comportamento. Damos duro para realizar coisas que pensamos que vão nos fazer sentir melhor, mas nos esquecemos de olhar para aquilo que pode estar sabotando nossos esforços.

Evitar os 13 hábitos da minha lista é útil não apenas para atravessar um período de luto. Livrar-se deles vai ajudá-lo a desenvolver força mental essencial para lidar com todos os problemas da vida – grandes ou pequenos. Não importa quais sejam suas metas: você vai estar mais bem preparado para alcançar seu pleno potencial quando tiver uma mente forte.

O QUE É FORÇA MENTAL?

Não é que as pessoas sejam divididas entre as mentalmente fortes e as fracas. Todos temos algum grau de força mental, mas sempre há como melhorar. Desenvolver essa força envolve aperfeiçoar sua capacidade de regular as emoções, administrar os pensamentos e se comportar de forma positiva, apesar das circunstâncias. Assim como há aqueles que são predispostos a desenvolver força física com mais facilidade que outros, a força mental parece vir mais naturalmente para algumas pessoas. Diversos fatores determinam quão fácil será desenvolver sua força mental:

- **Genética** – Os genes têm seu papel para determinar se você tem ou não tendência a desenvolver problemas de saúde mental, como transtornos de humor.
- **Personalidade** – Algumas pessoas têm traços de personalidade que por natureza as ajudam a pensar de modo mais realista e a se comportar de maneira mais positiva.
- **Experiências** – As suas experiências de vida influenciam a forma como você pensa sobre si mesmo, as outras pessoas e o mundo em geral.

É obvio que não se pode mudar alguns desses fatores. Não se pode apagar uma infância difícil. Não se pode negar uma predisposição a desenvolver déficit de atenção. Mas isso não quer dizer que você não possa aumentar sua força mental dedicando tempo e energia aos exercícios de autoaperfeiçoamento descritos neste livro.

A BASE DA FORÇA MENTAL

Imagine um homem que fica nervoso em situações sociais. Para minimizar sua ansiedade, ele evita a qualquer custo bater papo com seus colegas de trabalho. Quanto menos fala com eles, menos eles puxam conversa. Quando entra na salinha do café e passa pelas pessoas no corredor sem que ninguém o cumprimente, pensa *devo ser muito esquisito*. Quanto mais se concentra em sua falta de traquejo social, mais nervoso fica ao travar conversas, sua ansiedade aumenta e seu desejo de evitar os colegas cresce. O resultado é um círculo vicioso.

Para entender a força mental, você precisa aprender como seus pensamentos, comportamentos e sentimentos estão entrelaçados, muitas vezes trabalhando juntos para criar uma perigosa espiral descendente, como no exemplo anterior. É por isso que o desenvolvimento da força mental exige uma abordagem em três níveis:

1. **Pensamentos** – Identificar pensamentos irracionais e substituí-los por pensamentos mais realistas.
2. **Comportamentos** – Comportar-se de maneira positiva, apesar das circunstâncias.
3. **Emoções** – Controlar suas emoções para que elas não controlem você.

Ouvimos o tempo todo: "Pense positivo." Mas apenas o otimismo não é suficiente para você alcançar seu pleno potencial.

BASEIE SEU COMPORTAMENTO EM EMOÇÕES EQUILIBRADAS E PENSAMENTO RACIONAL

Tenho pavor de cobras. Ainda assim, é um medo completamente irracional. Eu moro no Maine, onde não há uma única cobra venenosa. Além disso, não vejo cobras com frequência. Mas, quando as vejo, meu coração acelera e fico tentada a correr o mais rápido possível na direção oposta. Em geral, antes de sair correndo, consigo equilibrar meu pânico com pensamentos racionais que me lembram de que não há razão lógica para sentir medo. Uma vez que o pensamento racional toma conta, posso passar pela cobra a uma distância segura. Eu ainda prefiro não me aproximar, mas consigo seguir em frente sem deixar meu medo irracional interferir no meu dia.

Na vida, costumamos tomar as melhores decisões quando equilibramos nossas emoções com o pensamento racional. Pare e pense por um minuto sobre como você se comporta quando está com muita raiva. É provável que já tenha dito e feito coisas das quais se arrependeu depois, porque estava baseando suas ações em emoções, não no pensamento lógico. Mas fazer escolhas apenas com base no pensamento racional também não resulta necessariamente em boas decisões. Somos seres humanos, não robôs. Nosso coração e nossa mente precisam trabalhar em sintonia para controlar nosso corpo.

Muitos dos meus pacientes questionam a própria capacidade de controlar os pensamentos, as emoções e o comportamento. "Não posso evitar sentir isso." Ou: "Não consigo me livrar dos pensamentos negativos que passam pela minha cabeça." Ou, ainda: "Eu simplesmente não consigo me motivar a fazer o que preciso para realizar alguma coisa." Mas, com uma força mental maior, tudo isso é possível.

A VERDADE SOBRE A FORÇA MENTAL

Há muita desinformação e vários equívocos sobre o que significa ter uma mente forte. Eis algumas verdades sobre força mental:

- *Ter uma mente forte não significa ser "durão".* Quando é mentalmente forte, você não precisa se tornar um robô nem parecer insensível – apenas agir de acordo com seus valores.
- *A força mental não exige que você ignore suas emoções.* Para aumentar sua força mental, em vez de sufocar suas emoções, procure desenvolver uma percepção aguçada delas, interpretá-las e entender como influenciam seus pensamentos e seu comportamento.
- *Para ter uma mente forte, você não precisa tratar seu corpo como uma máquina.* Ter força mental não significa levar seu corpo aos limites físicos apenas para provar a si mesmo que é capaz de ignorar a dor. Trata-se de entender seus pensamentos e sentimentos a fim de determinar se você vai agir de acordo com eles ou não.
- *Ter uma mente forte não significa ser autossuficiente.* Ser mentalmente forte não é proclamar que você nunca mais vai precisar da ajuda de ninguém nem de nenhum tipo de apoio. Admitir que não tem todas as respostas, pedir ajuda quando necessário e reconhecer que pode se beneficiar de um poder superior são sinais de que você deseja se tornar alguém mais forte.
- *Ter uma mente forte não tem a ver com pensar positivo.* Alimentar demais os pensamentos positivos pode ser tão

prejudicial quanto alimentar demais os negativos. Ter força mental é pensar de forma realista e racional.
- *Desenvolver força mental não é correr atrás da felicidade.* Ter essa qualidade o ajudará a ficar mais contente com a vida, mas não se trata de acordar todos os dias se forçando a se sentir feliz. Em vez disso, o importante é tomar decisões que o ajudarão a alcançar seu pleno potencial.
- *Força mental não é a última moda da psicologia.* Assim como o mundo da boa forma está cheio de dietas da moda e tendências de academias, o mundo da psicologia frequentemente é tomado de ideias fugazes sobre como se tornar o melhor que você pode ser. A força mental não é uma moda. O campo da psicologia vem ajudando as pessoas a mudar seu modo de pensar e de se comportar desde os anos 1960.
- *Força mental não é sinônimo de saúde mental.* A indústria dos cuidados de saúde fala com frequência em termos de saúde mental *versus* doença mental, mas a força mental é algo diferente. Da mesma forma que as pessoas podem ser fisicamente fortes ainda que tenham uma doença física como diabetes, você pode ter uma mente forte mesmo que sofra de ansiedade, depressão ou algum outro problema de saúde mental. A presença de um transtorno mental não significa que você está destinado a ter maus hábitos. Você ainda pode escolher ter hábitos mais saudáveis. Talvez isso exija mais trabalho, foco e esforço, mas é completamente possível.

OS BENEFÍCIOS DA FORÇA MENTAL

É sempre mais fácil se sentir mentalmente forte quando a vida vai bem, mas às vezes os problemas aparecem. Ficar desempregado, descobrir uma doença na família ou perder um ente querido pode ser inevitável. Mas, a partir do momento em que tornar sua mente mais forte, você vai estar preparado para lidar com os desafios da vida. Os benefícios de aumentar sua força mental incluem:

- **Aumento da resiliência ao estresse** – A força mental é algo que fará diferença no seu dia a dia, e não apenas quando você estiver enfrentando uma situação difícil. Você estará mais bem preparado para lidar com os problemas de modo eficaz e eficiente – e isso pode reduzir seu nível geral de estresse.
- **Maior satisfação com a vida** – À medida que sua força mental aumenta, sua autoconfiança aumenta também. Você vai passar a se comportar de acordo com seus valores, o que lhe trará paz de espírito e o ajudará a reconhecer o que realmente importa na sua vida.
- **Melhor desempenho** – Se sua meta é ser um pai ou uma mãe melhor, aumentar sua produtividade no trabalho ou aprimorar seu desempenho físico, o desenvolvimento de sua força mental vai ajudar você a alcançar seu pleno potencial.

COMO DESENVOLVER A FORÇA MENTAL

Você nunca vai se tornar um especialista em alguma coisa apenas lendo um livro. Atletas não se tornam competidores de elite depois de lerem sobre esporte e músicos de sucesso não aumentam suas habilidades apenas assistindo a shows de outros artistas. É preciso praticar.

Os 13 capítulos a seguir não pretendem ser um checklist do que você faz ou deixa de fazer. Na verdade, são uma descrição dos hábitos negativos em que todos nós caímos em algum momento. Saber como evitá-los vai ajudar você a encontrar maneiras melhores de lidar com os desafios da vida. Trata-se de uma orientação para auxiliá-lo a crescer, se aprimorar e se tornar alguém um pouco melhor do que era antes.

Assim, ao longo das próximas páginas, vou apresentar a você a lista das principais coisas que as pessoas mentalmente fortes *não* fazem.

CAPÍTULO 1

NÃO PERDEM TEMPO SENTINDO PENA DE SI MESMAS

> *A autopiedade é de longe o mais destrutivo dos narcóticos não farmacêuticos. Ela vicia, dá um prazer momentâneo e afasta a vítima da realidade.*
>
> – JOHN GARDNER

Durante as semanas que se seguiram ao acidente de Jack, sua mãe não conseguia parar de falar naquele "desastre horrível". Todo dia, ela recontava a história de como o filho quebrara as duas pernas ao ser atingido por um ônibus escolar. Sentia-se culpada por não estar lá para protegê-lo, e vê-lo numa cadeira de rodas durante semanas era quase insuportável.

Embora os médicos tivessem previsto uma plena recuperação, ela repetidamente advertia Jack de que suas pernas poderiam nunca sarar por inteiro. Queria que ele estivesse ciente de que corria o risco de nunca mais jogar futebol ou correr por aí como faziam as outras crianças – apenas para o caso de haver algum problema.

Apesar de os médicos o terem liberado para voltar à escola, os pais decidiram que a mãe deixaria o emprego e iria educá-lo em casa pelo restante do ano. Achavam que ver e ouvir ônibus escolares todos os dias poderia provocar nele lembranças perturbadoras. Queriam também poupá-lo de assistir da cadeira de rodas a seus colegas brincando no recreio. Esperavam que, ficando em casa, Jack iria se curar mais rápido, tanto emocional quanto fisicamente.

Jack em geral terminava o dever de casa pela manhã e passava a tarde e a noite assistindo à TV e jogando videogame. Em algumas semanas, seus pais notaram que seu humor começou a mudar. De uma criança alegre e alto-astral, Jack se tornou irritável e triste. Seus pais ficaram mais preocupados ainda, pensando que o acidente devia tê-lo traumatizado mais do que imaginavam. Foram procurar um psicólogo na esperança de que ele pudesse cuidar das cicatrizes emocionais de Jack.

Os pais levaram a criança a uma conhecida terapeuta especializada em traumas de infância. Como havia sido indicada pelo pediatra de Jack, a terapeuta já sabia um pouco da história dele antes de conhecê-lo.

Quando a mãe o levou na cadeira de rodas para dentro do consultório, Jack fitou o chão em silêncio. Então ela começou dizendo: "Está sendo muito difícil desde este acidente terrível. Isso arruinou nossa vida e causou muitos problemas emocionais a Jack. Ele simplesmente não é mais o mesmo."

Para surpresa da mãe, a terapeuta não demonstrou qualquer sinal de compaixão. Em vez disso, falou, entusiasmada: "Puxa! Eu não via a hora de conhecer você, Jack! Nunca vi uma criança que tivesse vencido um ônibus escolar! Você vai ter que me contar tudo. Como conseguiu entrar numa briga com um ônibus e sair vencedor?" O jovem sorriu pela primeira vez desde o acidente.

Nas semanas seguintes, Jack trabalhou junto com a terapeuta para escrever seu próprio livro. Apropriadamente, chamou-o *Como derrotar um ônibus escolar*. Ele criou uma história maravilhosa sobre como lutar com um ônibus e sair com apenas alguns ossos quebrados.

Ele embelezou a história descrevendo como agarrou seu cachecol, torceu-o e usou-o para proteger a maior parte do corpo. Apesar *dos detalhes exagerados, o ponto principal se manteve o mesmo – Jack sobreviveu porque era um garoto durão. Ele concluiu o livro com um autorretrato, desenhando a si mesmo na cadeira de rodas vestindo uma capa de super-herói.*

A terapeuta incluiu os pais de Jack no tratamento, ajudando-os a ver quão afortunados eles eram por Jack ter sobrevivido. Ela também os encorajou a parar de sentir pena do filho. Sua recomendação foi que o tratassem como um menino de grande força física e mental, capaz de superar tamanha adversidade. Mesmo que suas pernas não se curassem por completo, queria que eles se concentrassem naquilo que Jack ainda podia conquistar na vida, não no que o acidente o tornaria incapaz de fazer.

A terapeuta e os pais de Jack trabalharam junto aos funcionários da escola preparando o retorno dele às atividades. Além das acomodações especiais de que o menino precisaria por ainda estar em uma cadeira de rodas, queriam assegurar que os outros alunos e professores não se apiedassem dele. Jack compartilharia o livro com os colegas para contar como tinha derrotado um ônibus e lhes mostrar que não havia razão para sentirem pena dele.

AUTOPIEDADE

Todos passamos por situações dolorosas na vida. E, embora a tristeza seja uma emoção normal e saudável, deixar-se afundar nela é um comportamento autodestrutivo. Leia as frases a seguir e veja se alguma delas se aplica a você:

- Você tende a pensar que seus problemas são maiores que os dos outros.
- Se não fosse pela má sorte, certamente você não teria problema algum.

- Seus problemas parecem se acumular muito mais rapidamente que os dos outros.
- Você está praticamente convencido de que ninguém entende de verdade como sua vida é difícil.
- Às vezes você evita atividades de lazer e compromissos sociais para poder ficar em casa pensando nos seus problemas.
- É mais provável que você compartilhe com as pessoas as experiências ruins do seu dia do que as boas.
- Com frequência você se queixa de as coisas não serem justas.
- Para você, às vezes é difícil encontrar algo pelo qual seja grato.
- Você acha que os outros são abençoados com uma vida mais fácil.
- De vez em quando, você se pergunta se o mundo está contra você.

E então? Você consegue se ver em algum dos exemplos citados? A autopiedade é capaz de consumi-lo até transformar seus pensamentos e seu comportamento, mas você deve assumir o controle da situação. Mesmo que não consiga modificar as circunstâncias, você pode mudar sua maneira de reagir a elas.

POR QUE SENTIMOS PENA DE NÓS MESMOS

Se a autopiedade é tão destrutiva, por que nos deixamos levar por ela? E por que, de vez em quando, é tão fácil e reconfortante cair nessa armadilha? A piedade foi o mecanismo de defesa dos pais de Jack para protegê-lo e se protegerem dos perigos futuros. Eles escolheram se concentrar no que o filho não podia fazer como modo de blindá-lo contra qualquer problema em potencial.

É compreensível que estivessem preocupados com a segurança dele. Não queriam perdê-lo de vista e temiam por sua reação emocional quando visse um ônibus escolar outra vez. Foi apenas uma questão de tempo para que a piedade despejada sobre Jack por seus pais se tornasse pena de si mesmo.

É muito fácil cair nas garras da autopiedade. Enquanto se compadece de si mesmo, você pode adiar quaisquer circunstâncias que o obriguem a encarar seus medos e, assim, evitar assumir responsabilidade por suas ações. No entanto, a autocomiseração apenas pode fazê-lo ganhar algum tempo. Quando você exagera e enxerga sua situação como se fosse pior do que efetivamente é – em vez de tomar uma atitude ou seguir em frente –, isso justifica sua relutância em fazer algo para melhorá-la. Mas, cedo ou tarde, você terá que enfrentá-la.

Com frequência, as pessoas usam a autopiedade para chamar atenção. Dar uma de coitadinho pode suscitar algumas palavras gentis dos outros – pelo menos a princípio. Para quem tem medo de rejeição, a autopiedade pode ser uma forma indireta de conseguir ajuda partilhando histórias do tipo "pobre de mim" na esperança de atrair alguma assistência.

Mas, infelizmente, a tristeza adora companhia, e às vezes a autopiedade se torna um direito. Uma conversa pode se tornar uma competição para ver quem passou pelo trauma maior. A autocomiseração também pode ser uma desculpa para fugir das responsabilidades. A ideia de dizer a seu chefe quão terrível sua vida é pode vir de alguma esperança de que depositem menos expectativa em você.

Além disso, a autopiedade pode se tornar um ato de rebeldia. É como se achássemos que alguma coisa vai mudar se nos esforçarmos para lembrar ao universo que merecemos algo melhor. Mas não é assim que o mundo funciona. Não existe um ser superior – ou mesmo um ser humano – que possa cair do céu e assegurar que todos nós seremos tratados com justiça na vida.

O PROBLEMA DE SENTIR PENA DE SI MESMO

Sentir pena de si mesmo é um comportamento autodestrutivo que leva a novos problemas e pode trazer sérias consequências. Em vez de se sentirem gratos por Jack ter sobrevivido ao acidente, seus pais se preocuparam com o que a tragédia havia tirado dele. Como resultado, potencializaram os danos causados pelo acidente.

Isso não significa que não eram pais amorosos. Apenas que seu comportamento vinha do desejo de manter o filho em segurança. No entanto, quanto mais se apiedavam de Jack, mais isso afetava negativamente seu humor.

Ceder à autopiedade pode impedi-lo de alcançar uma vida plena pelas seguintes razões:

- *É uma perda de tempo.* Quando sentimos pena de nós mesmos, gastamos muita energia mental e não fazemos nada para mudar a situação. Mesmo que não consiga resolver o problema, você pode escolher enfrentar os obstáculos da vida de forma positiva. Sentir pena de si mesmo não vai deixá-lo mais perto de uma solução.
- *Leva a mais emoções negativas.* Se você deixar que a autopiedade assuma o controle, ela dará início a uma enxurrada de emoções negativas. Você pode começar a sentir raiva, ressentimento, solidão e outros sentimentos que alimentam ainda mais os pensamentos negativos.
- *Pode se tornar uma profecia autorrealizável.* Sentimentos de autopiedade podem levar a uma vida deplorável. É improvável que você consiga dar o melhor de si quando se entrega a esses tipos de sentimento. Por conta disso, você pode encontrar mais problemas e fracassos ainda maiores, o que vai dar início a um círculo vicioso.

- *Impede você de lidar com outras emoções.* A autopiedade é um obstáculo quando temos que lidar com o luto, a tristeza, a raiva e outras emoções. Ela pode estagnar seu processo de cura porque mantém o foco na razão pela qual as coisas deveriam ser diferentes, não na necessidade de aceitarmos a situação como ela é.
- *Faz você deixar de notar as coisas boas da vida.* Se cinco coisas boas e uma ruim aconteceram no seu dia, a autopiedade vai fazer você se concentrar apenas naquela única coisa ruim. Quando você sente pena de si mesmo, deixa de perceber os aspectos positivos da vida.
- *Atrapalha suas relações.* Uma mentalidade vitimista não é uma característica atraente. Ficar reclamando da vida faz os outros se cansarem muito rápido de você. Ninguém diz: "O que eu realmente gosto nela é que ela vive se lamentando."

PARE DE SENTIR PENA DE SI MESMO

Você se lembra da abordagem em três níveis para alcançar força mental? Para aliviar sentimentos de autopiedade, você precisa mudar seu comportamento e se monitorar para não ceder aos pensamentos negativos. No caso de Jack, isso significava compreender que ele não podia passar todo o tempo em casa jogando videogame e vendo TV. Ele precisava estar perto de outras crianças de sua idade e retomar as atividades que ainda conseguia realizar, como ir à escola, por exemplo. Depois de perceber isso, seus pais mudaram sua forma de pensar e passaram a enxergar Jack como um sobrevivente, e não mais como uma vítima. Quando mudaram sua visão sobre o filho e o acidente, eles conseguiram substituir a autopiedade pela gratidão.

COMPORTE-SE DE MODO A TORNAR DIFÍCIL SENTIR PENA DE SI MESMO

Quatro meses depois da morte de Lincoln, sua família e eu tivemos que encarar a data em que ele comemoraria seu 27º aniversário. Eu passara semanas temendo a chegada desse dia porque não tinha ideia de como me comportaria. Eu imaginava todos nós sentados em círculo, compartilhando uma caixa de lenços de papel e falando como era injusto ele não ter conseguido chegar aos 27.

Quando enfim tomei coragem para perguntar a minha sogra como ela planejava passar o dia, ela respondeu, sem pestanejar: "O que você acha de saltar de paraquedas?" O melhor de tudo foi que ela estava falando sério. E, tive que admitir, saltar de um avião parecia uma ideia muito melhor do que toda a lamentação que eu havia imaginado. Parecia o jeito perfeito de honrar o espírito aventureiro de Lincoln. Ele sempre gostara de conhecer novas pessoas, ir a novos lugares e experimentar coisas diferentes. Não era incomum que fizesse uma viagem de última hora no fim de semana, mesmo que isso significasse ter que ir direto para o trabalho depois de sair de um voo noturno. Dizia que uma segunda-feira com sono valia as memórias que tínhamos criado. Saltar de paraquedas é algo que ele adoraria ter feito, e assim parecia um jeito apropriado de honrar sua memória.

É impossível sentir pena de si mesmo quando você está saltando de um avião – a menos, é claro, que esteja sem paraquedas. Não apenas nos divertimos muito, como a experiência nos fez criar uma tradição anual. A cada aniversário de Lincoln escolhemos uma forma de celebrar seu amor pela vida e pela aventura. Isso nos levou a algumas experiências interessantes – de nadar com tubarões a percorrer o Grand Canyon em lombo de mula. Nós até fizemos aulas de trapézio!

Todo ano, a família inteira se reúne no dia de aventura do aniversário de Lincoln. Normalmente, sua avó fica de fora, registrando tudo com sua câmera, mas, aos 88 anos, foi a primeira na fila da tirolesa por cima das árvores. É uma tradição que preservamos apesar de eu ter me casado outra vez. Steve, meu atual marido, participa conosco. Esse se tornou um dia que todos esperam com ansiedade.

Nossa escolha de passar a data fazendo algo agradável não significa ignorar nossa dor ou mascarar nossa tristeza. Trata-se da escolha consciente de celebrar as dádivas da vida sem nos atermos ao pesar. Em vez de sentir pena de nós mesmos por aquilo que perdemos, optamos por nos sentir gratos por aquilo que pudemos ter.

Se você perceber que a autopiedade está se insinuando em sua vida, faça um esforço consciente para realizar algo contrário ao que sente. Não é preciso pular de um avião, mas, às vezes, algumas pequenas mudanças comportamentais podem fazer uma grande diferença. Eis algumas opções:

- *Voluntarie-se para uma boa causa.* Isso vai tirar o foco dos problemas e você poderá se sentir bem por ter ajudado alguém. É difícil sentir pena de si mesmo quando está servindo sopa para pessoas famintas ou passando algum tempo com idosos em um asilo.
- *Faça gestos de gentileza.* Seja cortando a grama do vizinho, ajudando um turista perdido na rua ou doando ração para um abrigo de animais, fazer uma boa ação ajuda a trazer mais sentido para o seu dia.
- *Faça algo dinâmico.* Uma atividade física ou mental ajudará você a se concentrar em outra coisa que não a tristeza. Pratique exercícios físicos, comece algum curso, leia um livro ou se dedique a um novo hobby – ao mudar seu comportamento, sua atitude muda também.

O segredo para mudar seus sentimentos é descobrir quais comportamentos serão úteis para você se livrar da autopiedade. Às vezes, esse é um processo de tentativa e erro, porque o mesmo tipo de mudança comportamental não funciona para todo mundo. Se o que você está fazendo agora não estiver funcionando, tente algo diferente. Se você não der um passo na direção certa, vai continuar onde está.

SUBSTITUA OS PENSAMENTOS QUE ALIMENTAM A AUTOPIEDADE POR OUTROS MAIS REALISTAS

Certa vez testemunhei um pequeno acidente no estacionamento do supermercado. Dois carros davam ré ao mesmo tempo e seus para-choques colidiram. A batida causou um leve amassado em ambos os veículos.

Um dos motoristas desceu do carro e disse: "Era só o que faltava. Por que essas coisas sempre acontecem comigo? Como se eu já não tivesse problemas suficientes por hoje."

Enquanto isso, o outro motorista desceu do automóvel balançando a cabeça. Com uma voz muito calma, ele disse: "Puxa, que sorte que ninguém se machucou. Que dia bom este, em que conseguimos sair de um acidente sem nenhum arranhão."

Os dois passaram exatamente pela mesma situação. No entanto, a percepção que tiveram do acontecimento foi bem diferente uma da outra. Um se viu como vítima de uma circunstância terrível, enquanto o outro percebeu o acontecimento como sinal de boa sorte. As reações deles tiveram tudo a ver com a diferença na maneira de cada um enxergar a questão.

Você pode encarar os acontecimentos da sua vida de muitas formas diferentes. Se olhar as circunstâncias pensando que merecia algo melhor, é provável que acabe sentindo pena de si mesmo. Mas se escolher ver a situação de forma positiva, mesmo que algo ruim tenha acontecido, você vai experimentar sentimentos de alegria e felicidade com uma frequência muito maior.

Quase toda situação tem seu lado positivo. Pergunte a qualquer criança qual é a melhor parte de ter pais separados, e a maioria delas dirá: "Eu ganho mais presentes no Natal!" Obviamente, um divórcio sempre traz algum sofrimento, mas ganhar presentes duas vezes é um pequeno aspecto da situação que faz algumas crianças felizes.

Nem sempre é fácil reenquadrar a maneira como você enxerga uma situação, especialmente quando está no auge da autopiedade. No entanto, para substituir seus pensamentos negativos por outros, mais realistas, você pode fazer a si mesmo as seguintes perguntas:

- *De que outra forma posso enxergar esta situação?* É aí que entra o pensamento do "copo meio cheio ou meio vazio". Se estiver olhando do ângulo do copo meio vazio, pense por um instante como alguém com a perspectiva do copo meio cheio poderia enxergar a mesma situação.
- *Que conselho você daria a uma pessoa amada que estivesse passando por este mesmo problema?* É comum termos mais facilidade para oferecer palavras de encorajamento a outras pessoas do que a nós mesmos. É improvável que você diga a alguém: "Você tem uma vida muito ruim mesmo. Nada dá certo." Ao invés disso, você provavelmente vai oferecer palavras de incentivo, do tipo: "Você vai descobrir o que fazer e superar essa situação. Eu sei que vai." Pegue suas próprias palavras de sabedoria e aplique-as à sua vida.
- *Quais são os indícios de que eu serei capaz de superar este problema?* Com frequência, a autopiedade tem origem na falta de confiança em nossa própria habilidade de lidar com as circunstâncias. Às vezes pensamos que nunca conseguiremos dar conta de alguma coisa. Quando isso acontecer,

lembre-se de problemas e tragédias do passado que você foi capaz de superar. Repense suas habilidades, seus sistemas de apoio e suas experiências passadas para ganhar esse empurrãozinho extra de confiança que o ajudará a deixar de sentir pena de si mesmo.

Quanto mais você se entregar a pensamentos que deliberadamente o impedem de enxergar a sua situação de forma realista, pior vai se sentir.

Eis alguns pensamentos comuns que levam a sentimentos de autopiedade:

- *Não consigo lidar com mais um problema.*
- *Coisas boas só acontecem com os outros.*
- *Coisas ruins sempre acontecem comigo.*
- *Minha vida só piora.*
- *Eu sou o único que tenho que lidar com esse tipo de coisa.*
- *Mal consigo respirar.*

Você pode tomar a decisão de interromper seus pensamentos negativos antes que eles saiam do controle. Embora seja algo que exige prática e esforço, substituir os pensamentos excessivamente negativos por outros mais realistas costuma ser muito eficaz para diminuir a autopiedade.

Se você pensa que as coisas ruins sempre acontecem com você, crie uma lista das coisas boas que também lhe aconteceram. Então substitua seu pensamento original por outro, mais realista: *Algumas coisas ruins acontecem comigo, mas muitas coisas boas também.* Isso não significa que você deva transformar algo negativo em uma afirmação positiva que não seja realista. Em vez disso, faça um esforço para encontrar uma forma mais positiva de enxergar a situação sem fugir da realidade.

TROQUE A AUTOPIEDADE PELA GRATIDÃO

Marla Runyan é uma mulher realizada. Tem um título de mestrado, já escreveu um livro e competiu nas Olimpíadas. Tornou-se a primeira mulher americana a terminar a Maratona de Nova York de 2002, com o tempo impressionante de 2 horas e 27 minutos. O que torna Marla particularmente extraordinária é o fato de ela ter realizado todos esses feitos sendo cega.

Aos 9 anos, ela teve o diagnóstico da doença de Stargardt, uma forma de degeneração macular que afeta crianças. À medida que sua visão deteriorava, descobriu sua paixão pela corrida e, com o passar dos anos, se transformou numa das corredoras mais rápidas do mundo, apesar de nunca ter visto a linha de chegada.

De início, Marla se tornou uma atleta experiente nas Paraolimpíadas, competindo em 1992 e em 1996. Ela não apenas ganhou um total de cinco medalhas de ouro e uma de prata, como estabeleceu diversos recordes mundiais. Mas não parou por aí.

Em 1999, Marla disputou os Jogos Panamericanos e venceu a prova de 1.500 metros. Em 2000, tornou-se a primeira mulher cega a correr nas Olimpíadas e foi a primeira americana a cruzar a linha de chegada, ficando em oitavo lugar.

Marla não considera sua cegueira uma deficiência. Na verdade, escolheu encará-la como uma dádiva que lhe permite ser bem-sucedida em corridas tanto de curto quanto de longo percurso. No fim de seu livro, *No Finish Line: My Life as I See It* (Sem linha de chegada: Minha vida como eu a vejo), Marla escreve sobre sua cegueira: "Ela não só me obrigou a provar minhas habilidades como também me empurrou em direção às conquistas. E me deu presentes, como a força de vontade e a dedicação que uso todos os dias." A atleta não se concentra no que a perda da visão tirou de sua vida. Em vez disso, ela escolhe se sentir grata por tudo o que seu problema lhe trouxe de bom.

Quem sente pena de si pensa: *Eu merecia mais do que isso.* Mas, ao cultivar a gratidão, o pensamento predominante se torna: *Eu tenho mais do que mereço.* Sentir gratidão exige um esforço extra, mas não é difícil. Todos podemos aprender a cultivar a gratidão desenvolvendo novos hábitos.

Comece reconhecendo a generosidade e a gentileza dos outros. Afirme o bem no mundo e você vai começar a agradecer por aquilo que tem.

Você não tem que ser rico, bem-sucedido nem ter uma vida perfeita para se sentir grato. Alguém que ganhe um salário baixo pode se sentir insatisfeito, mas ao menos tem um emprego. Se está lendo este livro, isto significa que você é mais afortunado do que cerca de um bilhão de pessoas no mundo que não sabem ler – muitas das quais levam uma vida de miséria.

Procure aquelas pequenas coisas da vida que você pode facilmente deixar de valorizar porque sempre estão lá e se esforce para aumentar seu sentimento de gratidão por elas. Eis alguns hábitos simples que podem ajudá-lo a concentrar sua atenção nas coisas pelas quais deve ser grato:

- *Mantenha um diário da gratidão.* Todos os dias, escreva ao menos uma coisa pela qual você é grato. Pode ser algo pequeno, como respirar ar puro ou ver o sol brilhar, ou bênçãos maiores, como seu emprego e sua família.
- *Diga por que você é grato.* Se não conseguir manter um diário, crie o hábito de dizer por que você é grato. Todo dia, ao acordar e na hora de se deitar, encontre alguma dádiva da vida e agradeça por ela. Faça isso em voz alta, mesmo que apenas para si mesmo, pois, ao ouvir as palavras de agradecimento, seu sentimento de gratidão vai aumentar.
- *Mude o foco quando sentir autopiedade.* Quando perceber que está começando a sentir pena de si mesmo, mude o foco.

Não se permita continuar pensando que a vida não é justa ou que deveria ser diferente. Em vez disso, sente-se e faça uma lista mental das pessoas, circunstâncias e experiências pelas quais deve se sentir grato. Se mantiver um diário, abra-o e comece a lê-lo.
- *Pergunte aos outros por que eles são gratos.* Puxe conversas sobre gratidão para descobrir por que as outras pessoas se sentem gratas. Ouvir o que os outros têm a dizer pode lembrá-lo de mais áreas da vida que mereçam a sua gratidão.
- *Ensine as crianças a serem gratas.* Se você tem filhos, ensiná-los a agradecer pelo que têm pode ajudá-lo a manter sua própria atitude sob vigilância. Pergunte a seus filhos por que se sentem gratos e faça disso um hábito. Peça que todos na família escrevam em pedaços de papel por que se sentem gratos e coloque-os num vaso da gratidão ou em um quadro de avisos. Isso vai proporcionar a sua família um jeito divertido de incorporar a gratidão ao cotidiano.

DEIXAR DE TER PENA DE SI MESMO TORNA VOCÊ MAIS FORTE

Jeremiah Denton serviu como aviador naval dos Estados Unidos durante a Guerra do Vietnã. Em 1965, seu avião foi abatido e ele foi obrigado a se ejetar. Capturado pelos norte-vietnamitas, foi levado como prisioneiro de guerra.

Denton e outros oficiais mantinham o comando sobre seus colegas presos mesmo sendo surrados, torturados e passando fome todos os dias. Com frequência, ele era colocado na solitária por incitar outros prisioneiros a resistir às tentativas dos norte-vietnamitas de extrair informações deles. Mas isso não deteve o comandante Denton. Ele bolou estratégias para se comunicar com outros prisioneiros usando sinais, código Morse ou tossindo a intervalos determinados.

Dez meses depois de sua captura, foi escolhido para participar de uma entrevista televisionada que serviria como propaganda. Enquanto respondia a perguntas, fingiu que as luzes do estúdio estavam incomodando seus olhos e começou a piscar em código Morse formando a palavra TORTURA. Durante toda a entrevista, continuou a expressar seu apoio ao governo dos Estados Unidos.

Denton foi libertado em 1973, depois de passar sete anos na prisão. Quando saiu do avião como homem livre, disse: "Tivemos a honra de servir a nosso país mesmo sob circunstâncias difíceis. Somos profundamente gratos ao nosso comandante em chefe e a nossa nação até hoje. Deus abençoe a América." Depois de se aposentar como militar em 1977, foi eleito senador pelo Alabama.

Apesar de ter passado por circunstâncias terríveis, Jeremiah Denton não perdeu tempo sentindo pena de si mesmo. Em vez disso, manteve o autocontrole e escolheu ser grato por poder servir a seu país.

Pesquisadores estudaram a diferença entre pessoas que se concentram em seus fardos e aquelas que voltam sua atenção para as coisas pelas quais são gratas. Simplesmente reconhecer motivos pelos quais agradecer todos os dias é um modo poderoso de desencadear mudança. Na verdade, a gratidão tem um grande impacto não apenas na saúde mental, mas também na saúde física. Um estudo publicado em 2003 no *Journal of Personality and Social Psychology* descobriu que:

- *Pessoas que sentem gratidão não ficam doentes com tanta frequência quanto as outras.* Elas têm um sistema imunológico melhor e relatam menos dores. Também têm pressão arterial mais baixa e se exercitam mais do que a população em

geral. Cuidam mais da saúde, dormem bem e dizem até que se sentem mais renovadas ao acordar.
- *A gratidão leva a emoções positivas.* Pessoas gratas experimentam mais momentos de felicidade, alegria e prazer em seu cotidiano, e se sentem mais alertas e bem-dispostas.
- *A gratidão melhora a vida social.* Pessoas gratas têm maior propensão a perdoar os outros. Elas são mais extrovertidas e se sentem menos solitárias e isoladas. Também têm mais chance de ajudar outras pessoas e são mais propensas a se comportar com generosidade e compaixão.

DICAS E ARMADILHAS COMUNS

Se você se deixar dominar pela autopiedade ao lidar com o estresse, vai demorar ainda mais para começar a procurar uma solução para o seu problema. Observe sinais de que está caindo nessa armadilha e adote uma abordagem proativa para mudar sua atitude ao primeiro sinal de que está sentindo pena de si mesmo.

O QUE AJUDA
- Refletir se você está sendo realista para não exagerar a gravidade da situação.
- Substituir pensamentos excessivamente negativos sobre sua situação por outros, mais realistas.
- Escolher trabalhar com afinco na resolução de problemas para melhorar sua situação.
- Manter-se ativo e se comportar de um jeito que o deixe menos propenso a sentir autopiedade, mesmo quando não tiver vontade.
- Praticar a gratidão todos os dias.

O QUE NÃO AJUDA

- Permitir-se acreditar que sua vida é pior que a da maioria das pessoas.
- Deixar-se dominar por pensamentos excessivamente negativos sobre as dificuldades da sua vida.
- Manter-se passivo em relação à sua situação e concentrar sua atenção apenas em como se sente, e não no que pode fazer.
- Recusar convites para atividades e experiências que o façam se sentir melhor.
- Ficar concentrado no que não tem, em vez de voltar sua atenção para aquilo que você tem.

CAPÍTULO 2

NÃO ABREM MÃO
DE SEU PODER

Quando odiamos nossos inimigos, estamos dando a eles poder sobre nós: poder sobre nosso sono, nosso apetite, nossa pressão arterial, nossa saúde e nossa felicidade.
– DALE CARNEGIE

Lauren estava convencida de que sua sogra dominadora e intrometida ia arruinar seu casamento, se não acabasse com sua vida. Embora achasse que a sogra, Jackie, tinha sido irritante no passado, foi apenas quando teve suas duas filhas que passou a considerar a sogra insuportável.

Todas as semanas, Jackie aparecia na casa de Lauren sem avisar e permanecia por várias horas. Lauren achava que as visitas roubavam seu convívio com a família, já que tinha pouco tempo com as meninas – da hora que chegava do trabalho até a hora em que elas iam para a cama.

Mas o que de fato a incomodava era o modo como Jackie sempre tentava minar sua autoridade perante as crianças. Com frequência, dizia a elas coisas como: "Sabe, assistir a um pouco de televisão não vai fazer mal. Não sei por que sua mãe sempre diz que não podem ver TV" ou "Eu deixaria você comer uma sobremesa, mas sua mãe está convencida de que açúcar faz mal à saúde". Por vezes, dava sermões em Lauren sobre seu "jeito moderninho de educar as crianças" e a lembrava de que havia permitido que seus filhos assistissem à TV e comessem doces, e eles pareciam ter crescido muito bem.

Embora respondesse aos comentários da sogra com um aceno de cabeça educado e um sorriso, Lauren estava sempre fervendo por dentro. Ficava ressentida com Jackie e costumava descontar sua raiva no marido. Mas toda vez que se queixava com ele sobre a sogra, ele dizia algo como "Bom, você sabe como ela é" ou "Ignore os comentários dela. Ela só quer ajudar". Lauren encontrava algum conforto queixando-se com seus amigos, que se referiam a Jackie como "a sogra monstro".

Mas uma semana Jackie ultrapassou todos os limites e sugeriu que Lauren passasse a se exercitar mais porque parecia ter ganhado um pouco de peso. Aquele comentário foi a gota d'água. Lauren saiu batendo a porta e passou a noite na casa da irmã. No dia seguinte, ainda não se sentia pronta para voltar. Tinha receio de ainda ter que ouvir um sermão da sogra dizendo que ela não deveria ter saído daquele jeito. Foi nesse momento que soube que tinha que procurar ajuda ou seu casamento estaria em risco.

Inicialmente Lauren me procurou a fim de aprender técnicas de gerenciamento da raiva que pudessem ajudá-la a reagir de forma menos agressiva aos comentários da sogra. No entanto, depois de poucas sessões de terapia, ela percebeu que precisava encontrar maneiras de ser mais proativa e evitar problemas, e não apenas ser menos reativa às provocações de Jackie.

Pedi a Lauren que fizesse um gráfico mostrando quanto tempo e energia costumava dedicar a cada área de sua vida – trabalho, sono, lazer, família e tempo com a sogra. Depois pedi que fizesse um segundo gráfico representando quantas horas gastava fisicamente desempenhando cada atividade. Embora passasse apenas cerca de cinco horas por semana com Jackie, dedicava pelo menos outras cinco pensando e falando sobre seu desdém por ela. Este exercício a ajudou a enxergar como estava dando à sogra poder sobre muitas *áreas de sua vida. Nos momentos em que poderia dedicar energia para cultivar a relação com o marido ou cuidar das filhas, ela com frequência pensava em quanto não gostava de Jackie.*

Depois de reconhecer quanto poder estava dando à sogra, Lauren decidiu começar a fazer algumas mudanças. Conversou com o marido e, juntos, eles elaboraram um plano para estabelecer limites saudáveis para a família, de forma a neutralizar a influência de Jackie. Disseram a ela que não podia mais aparecer sem avisar e combinaram que a convidariam para jantar sempre que quisessem encontrá-la. Também pediram que deixasse de desautorizar Lauren na frente das crianças e que, se o fizesse, eles a convidariam a se retirar. Lauren decidiu também parar de reclamar. Ela reconheceu que desabafar com os amigos e o marido apenas alimentava sua frustração e a fazia gastar tempo e energia.

Aos poucos, mas de forma implacável, Lauren começou a sentir que estava retomando o poder sobre sua vida e sua casa. Não temia mais as visitas de Jackie depois de reconhecer que não era obrigada a tolerar comportamentos grosseiros ou desrespeitosos em seu lar. Ela podia controlar o que acontecia sob o próprio teto.

DANDO A OUTRAS PESSOAS PODER SOBRE VOCÊ

É impossível ter uma mente forte se você dá aos outros poder para controlar a forma como se sente, pensa e se comporta. Alguma destas afirmações se aplica a você?

- Você se sente profundamente ofendido por qualquer crítica ou retorno negativo que recebe, não importa a fonte.
- Outras pessoas têm a capacidade de deixá-lo com tanta raiva que você diz e faz coisas das quais se arrepende depois.

- Você mudou seus objetivos por causa da opinião de outras pessoas.
- Seu dia pode ser bom ou ruim dependendo do comportamento de outras pessoas.
- Quando os outros usam de chantagem emocional para convencê-lo a fazer alguma coisa, você acaba cedendo com relutância, mesmo que não queira.
- Você se esforça demais para assegurar que outras pessoas o vejam de modo positivo porque grande parte de sua autoestima depende da maneira como os outros enxergam você.
- Você dedica muito tempo a se queixar das pessoas e circunstâncias de que não gosta.
- Com frequência você se lamenta por coisas que "tem que fazer" na vida.
- Você faz todo o possível para evitar emoções desconfortáveis, como constrangimento ou tristeza.
- Você tem dificuldade para estabelecer limites, mas depois se ressente das pessoas que tomam seu tempo e sua energia.
- Você guarda rancor quando alguém o ofende ou magoa.

Você se identifica com alguns dos exemplos anteriores? Para manter seu poder, é necessário permanecer confiante em quem você é e nas escolhas que faz, apesar das pessoas a seu redor e das circunstâncias em que se encontra.

POR QUE ABRIMOS MÃO DO NOSSO PODER

Para Lauren, estava claro que ela queria ser uma boa pessoa – e achava que ser uma boa esposa significava tolerar a sogra a qualquer custo. Pensava que seria desrespeitoso pedir a ela que não aparecesse sem avisar e hesitava em demonstrar quando ficava magoada. Ela fora educada para "oferecer a outra face" quando alguém a tratava mal. Mas, com ajuda, foi capaz de perceber que estabelecer fronteiras saudáveis não era ser malvada ou desrespeitosa. Em vez disso, impor limites para o que desejava em sua própria casa era saudável para sua família e menos nocivo para sua saúde mental.

Quando você não estabelece limites físicos e emocionais saudáveis, corre o risco de abrir mão do seu poder e entregá-lo aos outros. Talvez você não tenha coragem de negar quando seu vizinho pede um favor. Ou talvez você tema receber a ligação de um amigo que vive reclamando, mas mesmo assim atende ao primeiro toque. Você abre mão de sua força cada vez que evita dizer não a algo que realmente não quer fazer. Se não fizer nada para satisfazer suas necessidades, vai dar total permissão para que os outros tirem as coisas de você.

A falta de limites emocionais pode ser igualmente problemática. Se não gosta do jeito que alguém trata você, mas não faz nada a respeito, está dando a essa pessoa poder sobre sua vida.

O PROBLEMA EM ABRIR MÃO DE SEU PODER

Lauren permitia que a presença da sogra definisse se sua noite seria boa ou não. Quando Jackie aparecia, Lauren ficava com raiva e amargurada com o fato de não estar aproveitando bem o tempo com as filhas. Ela ficava muito mais relaxada quando Jackie não aparecia. Assim, permitia que o comportamento da sogra interferisse em seu casamento e em sua relação com as crianças.

Em vez de aproveitar seu tempo livre com o marido e os amigos falando sobre temas agradáveis, ela gastava sua energia reclamando de Jackie. Por vezes se pegava estendendo o horário de trabalho por não querer ir para casa quando sabia que a sogra estava lá. Quanto mais ela dava poder a Jackie, mais se tornava incapaz de fazer algo para remediar a situação.

Há muitos problemas em abrir mão de seu poder. Eis alguns deles:

- *Você depende dos outros para controlar os próprios sentimentos.* Ao abrir mão de seu poder, você se torna vulnerável e passa a depender de outras pessoas e das circunstâncias externas para regular suas emoções. A vida muitas vezes vira uma montanha-russa – quando tudo vai bem, você se sente bem. Mas quando as circunstâncias mudam, seus sentimentos, seus pensamentos e seu comportamento mudam também.
- *Você deixa que outros definam seu valor.* Se der aos outros o poder de definirem seu valor, você nunca vai sentir que tem valor suficiente. Vai ser tão bom quanto a opinião dos outros a seu respeito, e você nunca receberá elogios e retornos positivos o bastante para satisfazer suas necessidades se depender dos outros para ficar bem consigo mesmo.
- *Você evita tratar do verdadeiro problema.* Abrir mão de seu poder leva você a se sentir impotente. Em vez de se concentrar no que pode fazer para melhorar sua situação, você sempre vai encontrar uma desculpa para não fazer nada em relação aos seus problemas.
- *Você se torna vítima das circunstâncias.* Deixa de ser o capitão e passa a ser um passageiro da própria vida. Vai dizer que outras pessoas o fazem sentir mal ou forçam você a se comportar de uma determinada forma que não gosta. Vai culpar os outros, em vez de aceitar a responsabilidade por suas escolhas.
- *Você se torna muito sensível a críticas.* Perde a capacidade de avaliar as críticas e começa a levar a sério qualquer coisa que

os outros digam. E, assim, passa a dar às palavras dos outros muito mais importância do que elas merecem.
- *Você perde seus objetivos de vista.* Você não vai conseguir construir o tipo de vida que deseja se permitir que outros determinem seus objetivos. Não é possível prosseguir em direção a suas metas se você der aos outros o poder de entrar em seu caminho e interferir em seu progresso.
- *Você arruína seus relacionamentos.* É provável que você fique ressentido com as pessoas se não disser a elas quando ferirem seus sentimentos ou permitir que elas invadam sua vida de maneira indesejada.

RECUPERE SEU PODER

Quando você não tem confiança em si mesmo, a sua autoestima depende da forma como os outros enxergam você. E se você ofender as pessoas? E se elas não gostarem mais de você? Quando decide estabelecer alguns limites saudáveis, você vê uma forte reação por parte dos outros, mas sabe que pode tolerá-la porque tem consciência do seu valor.

Lauren aprendeu que podia ser firme com a sogra e ainda assim agir com respeito. Embora tivesse horror de confrontos, ela e o marido explicaram juntos sua preocupação a Jackie. A sogra ficou ofendida de início, quando disseram que ela não poderia aparecer todas as noites, e tentou argumentar quando explicaram a ela que não poderia fazer comentários grosseiros sobre as regras de Lauren para as crianças. No entanto, com o tempo, Jackie aceitou que tinha que seguir essas regras se quisesse continuar visitando o filho e as netas.

IDENTIFIQUE AS PESSOAS QUE TOMARAM SEU PODER

Steven McDonald é um grande exemplo de alguém que escolheu não abrir mão de seu poder. Quando trabalhava como policial na cidade de Nova York, em 1986, parou alguns adolescentes para questioná-los sobre uma série de roubos de bicicletas recente. Um dos jovens, de 15 anos, sacou uma arma e atirou nele, atingindo-o na cabeça e no pescoço. Os tiros o deixaram paralisado do pescoço para baixo.

Steven sobreviveu por milagre, mas passou dezoito meses hospitalizado se recuperando e aprendendo a viver como tetraplégico. Na época do acidente, estava casado havia apenas oito meses e sua mulher estava grávida de seis meses.

De forma notável, Steven e a esposa escolheram não se concentrar em tudo o que tinha sido tirado deles pelo garoto. Em vez disso, fizeram o esforço consciente de perdoá-lo. Na verdade, alguns anos depois do incidente, o adolescente ligou para ele da cadeia se retratando. Steven não apenas aceitou suas desculpas, como ainda lhe disse que esperava que um dia pudessem viajar juntos pelo país, compartilhando sua história na esperança de evitar outros atos de violência. Contudo, nunca teve a chance de fazer isso, porque, após três dias de liberdade, o garoto morreu num acidente de motocicleta.

Assim, o agente Steven McDonald estabeleceu para si a missão de disseminar sozinho sua mensagem de paz e perdão. "A única coisa pior que uma bala na minha espinha teria sido nutrir a vontade de vingança em meu coração", disse ele no livro *Why Forgive?* (Por que perdoar?). Ele pode ter perdido a mobilidade, mas não deu ao incidente violento ou àquele adolescente o poder de arruinar sua vida. Agora é um palestrante muito requisitado e espalha sua mensagem de amor, respeito e perdão. Steven é um exemplo inspirador de alguém que, apesar de ter sido vítima de um ato de violência sem sentido, escolheu não desperdiçar seu tempo dando ainda mais poder ao responsável pelo ato.

Perdoar alguém que o tenha ferido emocional ou fisicamente não significa justificar o comportamento alheio. Abrir mão de sua raiva significa estar livre para se concentrar em algo que vale mais a pena.

Se você passou a maior parte da vida se sentindo vítima das circunstâncias, vai ser difícil reconhecer que tem o poder de escolher o próprio caminho. O primeiro passo é desenvolver a consciência de si, identificando as ocasiões em que culpa outras pessoas ou as circunstâncias externas pela maneira como você pensa, se sente e se comporta. Descubra para quais pessoas tem devotado seu tempo e sua energia. Elas são dignas de toda essa atenção? Se não, cuidado para não dar a elas mais poder do que merecem.

Cada vez que se lamenta sobre quão injusto seu chefe é, mais poder você dá a ele. Cada vez que diz aos seus amigos como sua sogra é controladora, mais poder você dá a ela. Pare de dedicar energia às pessoas se não quiser que elas desempenhem um papel relevante demais em sua vida.

REPENSE SUA LINGUAGEM

Às vezes, manter seu poder significa mudar a forma como você enxerga a situação. Há algumas coisas em seu discurso que podem sinalizar se você está abrindo mão de seu poder:

- *Meu chefe me deixa louco.* Você pode não gostar do comportamento do seu chefe, mas tem certeza que é ele que faz você ficar com raiva? Talvez ele se comporte de um jeito que você não gosta e possa até influenciar no modo como se sente, mas ele não o está obrigando a sentir coisa alguma.

- *Meu namorado me deixou porque não sou boa o bastante.* Isso é mesmo verdade ou apenas a opinião de uma pessoa? Se fizer uma pesquisa com cem pessoas, é improvável que todos cheguem a essa mesma conclusão. Algo não se torna verdade só porque alguém tem essa opinião. Não dê à opinião de outra pessoa o poder de determinar quem você é.
- *Minha mãe faz com que eu me sinta realmente mal comigo mesmo porque sempre me critica demais.* Agora que é adulto, você é mesmo obrigado a ouvir sua mãe fazer comentários críticos sobre você o tempo todo? E só porque ela faz comentários dos quais você não gosta, isto tem que diminuir sua autoestima?
- *Eu tenho que convidar meus sogros para jantar todos os domingos.* Seus sogros realmente o obrigam a fazer isso ou essa é apenas uma escolha de algo que você julga importante para a sua família?

PENSE ANTES DE AGIR

Rachel levou a filha de 16 anos para a terapia porque a garota se recusava a escutá-la. Não fazia nada do que a mãe lhe pedisse. Perguntei a Rachel como reagia quando a filha se recusava a seguir suas instruções. Ela disse que gritava e as duas acabavam brigando. Cada vez que a filha dizia "não!", Rachel gritava "faz agora!".

Rachel não percebia, mas estava dando poder à filha. Cada minuto que passavam discutindo era um minuto a mais que a menina adiava a limpeza do quarto. Quanto mais se irritava, mais Rachel abria mão de parte de seu poder. Em vez de controlar o comportamento da filha, dava à garota o poder de controlá-la.

Se alguém diz algo que não lhe agrada e você grita ou começa uma discussão, acaba dando ainda mais poder a essas palavras de que não gostou. Tome a decisão consciente de pensar como gostaria de se comportar. Eis algumas estratégias que podem ajudar você a permanecer calmo quando se sentir tentado a reagir de forma negativa:

- *Respire fundo.* Frustração e raiva causam reações físicas – respiração acelerada, batimentos cardíacos mais rápidos e suor, para mencionar algumas delas. Respirar lenta e profundamente pode relaxar seus músculos e diminuir a resposta psicológica, o que por sua vez pode reduzir sua reatividade emocional.
- *Saia da situação.* À medida que você se torna mais emocional, sua capacidade de pensar racionalmente diminui. Aprenda a reconhecer sinais pessoais de advertência de que está ficando com raiva – como tremores e a sensação de cabeça quente – e saia da situação antes de perder o controle. Isso pode significar dizer "Não estou disposto a falar sobre isso agora" ou apenas sair de perto.
- *Distraia-se.* Não tente resolver um problema ou tratar de uma questão com alguém no calor da emoção. Distraia-se com alguma atividade, como caminhar ou ler, para ajudá-lo a se acalmar. Mesmo que por alguns minutos, tirar o foco do que está incomodando você pode ser útil para fazê-lo voltar a pensar de forma mais racional.

AVALIE OS COMENTÁRIOS CRITICAMENTE

Pouco tempo antes de lançar um disco que venderia mais de 10 milhões de cópias, Madonna recebeu uma carta de rejeição do presidente da Millennium Records que dizia: "A única coisa que falta neste projeto é material." Se ela tivesse permitido que a carta determinasse sua capacidade de cantar e compor, poderia ter desistido. Mas, por sorte, Madonna continuou em busca de oportunidades nas gravadoras. Logo depois de receber essa carta de rejeição, conseguiu um contrato que alavancou sua carreira. Décadas mais tarde, Madonna foi reconhecida pelo Livro Guinness dos Recordes como a cantora que vendeu mais discos em todos os tempos. Ela tem diversos outros recordes, como a artista que fez mais turnês de sucesso, além de ocupar o segundo lugar dos 100 Maiores Artistas de Todos os Tempos da revista *Billboard*, ficando atrás apenas dos Beatles.

Quase toda pessoa de sucesso provavelmente tem uma história semelhante de rejeição. Em 1956, Andy Warhol tentou dar um de seus quadros para o Museu de Arte Moderna de Nova York, mas eles não quiseram aceitá-lo nem de graça. Pule para 1989, e suas pinturas fizeram tanto sucesso que ele ganhou seu próprio museu. O Andy Warhol Museum, em Nova York, é o maior museu dos Estados Unidos dedicado a um único artista. Claro que todo mundo tem uma opinião, mas pessoas de sucesso não permitem que a opinião de ninguém defina quem elas são.

Para manter seu poder, é necessário avaliar as críticas e determinar se elas têm algum fundamento. Se, por um lado, as críticas podem abrir seus olhos para aspectos em que você possa fazer mudanças positivas – um amigo aponta um mau hábito seu ou sua mulher o ajuda a perceber um comportamento egoísta, por exemplo –, por outro lado a crítica às vezes não passa de um reflexo do crítico. Pessoas propensas a sentir raiva podem fazer críticas severas regularmente apenas porque isso lhes traz um alívio do estresse. Indivíduos com baixa autoestima podem se sentir melhor quando colocam os outros para baixo. Então, é importante considerar a fonte antes de decidir como prosseguir.

Quando receber críticas ou opiniões dos outros, espere um pouco antes de responder. Se você estiver chateado ou emocionalmente reativo, dê a si mesmo algum tempo para se acalmar. Depois reflita sobre as seguintes perguntas:

- *O que prova que isso é verdade?* Se, por exemplo, seu chefe lhe diz que você é preguiçoso, procure evidências das vezes em que não trabalhou duro.
- *O que prova que isso não é verdade?* Lembre-se das vezes em que se esforçou muito e foi um trabalhador incansável.
- *Por que será que essa pessoa está fazendo essa crítica a mim?* Pense em retrospecto e veja se consegue descobrir por que essa pessoa está lhe dando um retorno negativo. Ela está se baseando em uma pequena amostra de seu comportamento que ela testemunhou? De repente seu chefe observou seu trabalho num dia em que você estava se recuperando de uma gripe e decidiu que você não é muito produtivo. Essa conclusão pode não ser a mais correta.
- *Eu quero mudar algum aspecto do meu comportamento?* É provável que em alguns momentos você decida mudar seu comportamento porque concorda com a crítica que recebeu. Se seu chefe diz que você é preguiçoso, talvez você conclua que não tem se empenhado no trabalho tanto quanto poderia. Você pode começar a chegar cedo e sair mais tarde porque ser um bom trabalhador é algo importante para você. Lembre-se, no entanto, de que seu chefe não o está obrigando a fazer nada diferente. Você é que está escolhendo mudar porque quer, não porque tem que mudar.

Lembre-se de que o fato de uma pessoa ter uma opinião sobre você não significa que o que ela diz é verdade. Você pode respeitosamente escolher discordar e seguir em frente, sem dedicar tempo e energia tentando fazer o outro mudar de ideia.

RECONHEÇA SUAS ESCOLHAS

Há pouquíssimas coisas na vida que você *precisa* fazer, mas muitas vezes nos convencemos de que não temos escolha. Em vez de dizer "Tenho que ir para o trabalho amanhã", lembre-se de que essa é uma escolha sua. Haverá consequências se você optar por não ir trabalhar. Talvez não receba o pagamento integral. Ou mesmo corra o risco de perder o emprego. Mas é uma decisão sua.

Pode ser muito libertador lembrar a si mesmo que você tem uma escolha em tudo o que faz, pensa e sente. Se passou a maior parte da vida se sentindo vítima das circunstâncias, vai precisar de muito trabalho para reconhecer que você tem o poder de criar a vida que quer levar.

RETOMAR SEU PODER TORNA VOCÊ MAIS FORTE

Você não será nomeado uma das pessoas mais poderosas do mundo se abrir mão de seu poder. Pergunte a Oprah Winfrey. Ela cresceu na extrema pobreza e sofreu abuso sexual por diversas pessoas na infância. Ficava alternando entre a casa da mãe, do pai e do avô. Durante a adolescência sempre fugia de casa. Engravidou aos 14 anos, mas a criança morreu logo após o parto.

Durante o ensino médio, começou a trabalhar em uma estação de rádio. Teve vários trabalhos na mídia e acabou arrumando um emprego como âncora de noticiário na TV. Mas foi demitida do cargo.

No entanto, ela não permitiu que a opinião de uma única pessoa sobre sua adequação à TV pusesse fim a sua carreira. Ela seguiu em frente e, aos 32 anos, criou o próprio talk show. Aos 41, sua fortuna líquida era calculada em 340 milhões de dólares.

Oprah criou a própria revista, o próprio programa de rádio e a própria rede de TV. Além disso, foi coautora de cinco livros. Chegou até mesmo a ganhar um Oscar. Fundou muitas instituições de caridade, inclusive uma escola de liderança para meninas na África do Sul.

Oprah não deixou que sua infância ou seu ex-empregador tomassem seu poder. Uma mulher que um dia sofrera por ser tão pobre a ponto de usar sacos de batatas como vestidos foi eleita uma das mulheres mais poderosas do mundo tanto pela CNN quanto pela *Time*. Estatisticamente, sua criação teria um prognóstico terrível. Mas ela se recusou a ser uma estatística. Ao não abrir mão de seu poder, Oprah escolheu definir quem seria na vida.

Você se torna mais forte quando decide que ninguém mais vai ter o poder de controlar o modo como você se sente. Eis outros aspectos em que a decisão de não abrir mão de seu poder vai ajudá-lo a se tornar mentalmente forte:

- *Você vai desenvolver uma noção mais clara de quem é quando for capaz de fazer escolhas com base no que é melhor para você, e não no que irá evitar maiores repercussões.*
- *Quando assumir a responsabilidade pelo próprio comportamento, você será o único responsável por seu progresso em direção aos seus objetivos.*
- *Você nunca mais será pressionado a fazer algo que não quer por causa de alguma chantagem emocional nem por pensar que é aquilo que as outras pessoas querem que você faça.*
- *Você será capaz de dedicar tempo e energia àquilo que escolher. Não será preciso culpar os outros por fazerem você perder tempo ou por arruinarem seu dia.*
- *Quando mantém seu poder pessoal, você reduz o risco de desenvolver depressão, ansiedade e outros transtornos men-*

tais. Muitos desses problemas estão ligados às sensações de desespero e desamparo. Ao decidir que não dará aos outros nem às circunstâncias o poder de determinar como você se sente e se comporta, você vai conquistar um controle maior sobre sua saúde mental.

Quando você guarda rancor de alguém, a raiva e o ressentimento não surtem qualquer efeito sobre a vida do outro. Na verdade, ao cultivar esses sentimentos, você dá àquela pessoa ainda mais poder para interferir em sua qualidade de vida. Escolher perdoar lhe permite tomar seu poder de volta, não apenas pelo bem de sua saúde psicológica, mas também por sua saúde física. Algumas pesquisas constataram os benefícios do perdão para a saúde:

- *Perdoar reduz o estresse.* No decorrer dos anos, muitos estudos mostraram que guardar rancor mantém o corpo em estado de estresse. Quando você pratica o perdão, sua pressão arterial e seus batimentos cardíacos diminuem.
- *Escolher perdoar aumenta sua tolerância à dor.* Em 2005, num estudo com pacientes que apresentavam dor crônica na coluna lombar, a raiva aumentou o desgaste psicológico e diminuiu a tolerância à dor. A disposição a perdoar foi associada a um aumento da resistência à dor.
- *O perdão incondicional pode ajudar você a viver mais tempo.* Um estudo de 2012 publicado no *Journal of Behavioral Medicine* descobriu que quando as pessoas estavam dispostas a perdoar apenas sob certas condições – se o outro se desculpasse ou prometesse nunca mais repetir o mesmo comportamento, por exemplo –, seu risco de morrer cedo na verdade aumentava. Você não tem controle sobre o modo como alguém se comporta. Esperar que uma pessoa lhe

peça desculpa para poder perdoá-la dá a ela poder não apenas sobre sua vida, mas talvez até mesmo sobre sua morte.

DICAS E ARMADILHAS COMUNS

Monitore seu poder pessoal e perceba as ocasiões em que você está voluntariamente abrindo mão dele. É difícil, mas, para aumentar sua força mental, você precisa manter cada grama de poder pessoal para si mesmo.

O QUE AJUDA

- Falar de um modo que reforce sua escolha, como "Agora estou escolhendo fazer...".
- Estabelecer limites emocionais e físicos com as pessoas.
- Comportar-se de maneira proativa, fazendo escolhas conscientes sobre como vai reagir às circunstâncias.
- Assumir total responsabilidade sobre o modo como escolhe gastar seu tempo e sua energia.
- Escolher perdoar as pessoas sem se importar se elas vão tentar se redimir ou não.
- Estar disposto a avaliar as críticas que receber sem tirar conclusões precipitadas.

O QUE NÃO AJUDA

- Usar linguagem que implicitamente indique que você é uma vítima, como "Eu *tenho que* fazer isso" ou "Meu chefe me *deixa* louco".
- Sentir raiva e ressentimento de pessoas que você permite que violem seus direitos.

- Reagir às atitudes dos outros e depois culpá-los pelo modo como você lidou com a situação.
- Fazer coisas que não quer e depois culpar outra pessoa por "obrigá-lo" a fazer aquilo.
- Escolher guardar rancor e cultivar raiva e ressentimento.
- Permitir que as críticas controlem o modo como você se sente.

CAPÍTULO 3

NÃO EVITAM A MUDANÇA

Não é que algumas pessoas tenham força de vontade e outras não... É que algumas pessoas estão dispostas a mudar e outras não.
– JAMES GORDON

Richard entrou em meu consultório porque não conseguia fazer progressos no cuidado com sua saúde física. Aos 44 anos, tinha mais de 30 quilos de sobrepeso e havia sido diagnosticado com diabetes.

Logo depois do diagnóstico, foi a uma nutricionista e descobriu que mudanças precisaria fazer em sua alimentação para perder peso e controlar o nível de açúcar no sangue. A princípio, tentou eliminar todas as porcarias que comia regularmente. Chegou a jogar no lixo todos os sorvetes, doces e refrigerantes que tinha em casa. No entanto, dois dias depois, flagrou-se comprando mais doces e recaindo em seus velhos hábitos.

Também sabia que precisava fazer mais atividades físicas se quisesse ficar mais saudável. No fim das contas, o exercício não lhe era completamente estranho. No colégio, tinha sido um astro no campo de futebol e na quadra de basquete. Mas agora ele passava a maior parte do tempo sentado diante do computador. Como trabalhava muito, não sabia como encontrar tempo para se exercitar. Havia feito a inscrição em uma academia, mas só foi malhar duas vezes. Em geral chegava do trabalho exausto – e já estava sentindo que não passava tempo suficiente com a mulher e os filhos.

Richard me disse que queria mesmo ficar mais saudável. Mas estava frustrado. Apesar de entender os riscos do sobrepeso e os perigos de não monitorar o diabetes, não conseguia se motivar a mudar seus hábitos pouco saudáveis.

Ficou claro que ele estava tentando mudar muitas coisas e rápido demais, o que é uma receita para o fracasso. Recomendei que escolhesse mudar uma coisa de cada vez. Então, ele disse que deixaria de comer os biscoitos que costumava petiscar em sua mesa durante a tarde. Era importante achar algo que substituísse aquele hábito, então ele decidiu que experimentaria palitinhos de cenoura.

Também sugeri que conseguisse algum suporte para ficar mais saudável. Richard concordou em frequentar um grupo de apoio para diabéticos. Nas semanas seguintes, discutimos estratégias para ajudar a envolver sua família no processo. Sua mulher foi a algumas sessões de terapia com ele e começou a entender os passos que teria que dar para ajudar Richard a melhorar sua saúde. Ela aceitou deixar de comprar tantas porcarias quando fosse ao supermercado e começou a trabalhar com o marido para descobrirem novas receitas mais saudáveis para as refeições.

Além disso, discutimos um plano de exercícios mais realista. Richard disse que quase todo dia ia para o trabalho planejando ir à academia depois, mas sempre se convencia do contrário e seguia direto para casa. Decidimos que ele frequentaria a academia três vezes por semana e agendaria esses dias com antecedência. Elaboramos, ainda, uma lista que ele passou a deixar no carro, com todas as razões por que ir à academia era uma boa ideia. Nos dias em que começava a pensar em desistir e ir para casa, Richard lia a lista como um lembrete das razões pelas quais se exercitar era a melhor escolha, mesmo que não estivesse com vontade naquele momento.

Nos dois meses que se seguiram, Richard começou a perder peso. Admitiu que ainda estava comendo um monte de porcarias à noite, enquanto assistia à TV. Eu o encorajei a encontrar meios de dificultar o acesso aos doces, e ele decidiu que os guardaria no porão. Então, quando vagasse pela cozinha à noite, seria mais provável que pegasse algum lanche saudável. Se ainda quisesse biscoito, teria que pensar se valeria a pena descer ao porão para pegá-los. Richard descobriu que, na maior parte das vezes, preferia beliscar algo saudável. Assim que começou a fazer progresso, descobriu que mudar era mais fácil do que parecia.

MUDAR OU NÃO MUDAR

Dizer que você quer mudar é fácil, mas conseguir mudar, não. Nossos pensamentos e emoções com frequência nos impedem de modificar nosso comportamento, mesmo quando isso pode melhorar nossa vida.

Muitas pessoas temem as mudanças drásticas, mesmo que elas sejam para melhor. Alguma destas afirmações se aplica a você?

- Você tem tendência a justificar um mau hábito convencendo-se de que o que está fazendo não é "tão ruim assim".
- Mudanças em sua rotina costumam deixar você muito ansioso.
- Mesmo quando já está numa situação ruim, você teme que mudar possa tornar as coisas ainda piores.
- Sempre que tenta fazer algo diferente, você tem dificuldade de incorporar os novos hábitos.
- É difícil se adaptar quando seu chefe, sua família ou seus amigos fazem mudanças que afetam você.
- Você pensa muito em fazer mudanças, mas costuma deixá-las para depois.
- Você teme que as mudanças que consegue fazer não durem.

- A ideia de sair da sua zona de conforto lhe parece apavorante.
- Você não tem motivação para criar mudanças positivas porque isso é algo muito difícil de se fazer.
- Você arruma desculpas para não mudar, como "Eu gostaria de me exercitar mais, mas minha mulher não quer ir comigo".
- Você tem dificuldade de se lembrar da última vez que tentou se desafiar a se tornar uma pessoa melhor.
- Você hesita em fazer qualquer coisa nova porque isso lhe parece ser um compromisso grande demais.

Algum desses exemplos lhe parece familiar? Embora as circunstâncias mudem rapidamente, os humanos mudam em um ritmo muito mais lento. Escolher fazer algo diferente exige que você adapte seu pensamento e seu comportamento, o que pode suscitar emoções desconfortáveis. Mas isso não significa que você deva fugir da mudança.

POR QUE FUGIMOS DAS MUDANÇAS

De início, Richard tentou mudar rápido demais e logo sentiu que seria muita pressão. Cada vez que pensava *"Isso vai ser difícil demais"*, ele se permitia desistir. Assim que começou a ver resultados positivos, no entanto, seus pensamentos também se tornaram mais positivos e foi mais fácil se manter motivado. Muitas pessoas fogem da mudança porque pensam que fazer algo diferente é arriscado ou desconfortável demais.

TIPOS DE MUDANÇA

Podemos experimentar diversos tipos de mudança, e alguns deles vão parecer mais fáceis do que outros:

- **Mudança "tudo ou nada"** – Algumas mudanças acontecem aos poucos, enquanto outras são determinantes demais. Decidir ter um filho, por exemplo, não é algo que possa ser feito em etapas. Quando se tem um filho, sua vida está irrevogavelmente transformada.
- **Mudança de hábito** – Você pode escolher se livrar dos maus hábitos, como ir se deitar muito tarde, ou criar bons hábitos, como se exercitar cinco vezes por semana. A maioria das mudanças de hábito permite que você tente algo novo por algum tempo, mas você pode sempre voltar aos velhos hábitos.
- **Mudança "tente algo novo"** – Esse tipo de mudança em geral envolve tentar algo novo ou modificar sua rotina, como se tornar voluntário em um hospital ou fazer aulas de violino.
- **Mudança comportamental** – Às vezes as mudanças comportamentais não consistem exatamente em novos hábitos. Você pode, por exemplo, se comprometer a ir a todos os jogos esportivos de seus filhos ou talvez queira se comportar de modo mais amigável no seu dia a dia.
- **Mudança emocional** – Nem toda mudança é palpável. Às vezes a mudança é emocional. Se você, por exemplo, quer se sentir menos irritadiço, vai precisar avaliar os pensamentos e comportamentos que contribuem com sua irritabilidade.

- **Mudança cognitiva** – Pode haver ocasiões em que você também queira mudar seu modo de pensar. Talvez queira pensar menos no passado ou diminuir suas preocupações.

DISPOSIÇÃO PARA A MUDANÇA

Promessas de Ano-Novo em geral não são cumpridas porque tentamos estabelecer mudanças com base em uma determinada data, e não a partir de uma perspectiva interna. Se você não estiver preparado para a mudança, é provável que não consiga mantê-la. Mesmo mudar um pequeno hábito, como decidir usar fio dental todos os dias ou abrir mão de seu lanchinho na hora de dormir, exige algum nível de comprometimento.

AS CINCO ETAPAS DA MUDANÇA

1. **Precontemplação** – Quando estão nesse estágio, as pessoas ainda não enxergam qualquer necessidade de mudança. Richard ficou em estado precontemplativo em relação a mudar seus hábitos alimentares durante anos. Evitava ir ao médico, se recusava a subir na balança e desprezava qualquer comentário em que a mulher expressasse preocupação com sua saúde.
2. **Contemplação** – Pessoas que estão ativamente contemplativas consideram os prós e os contras de uma mudança. Quando conheci Richard, ele estava na fase contemplativa. Sabia que se mantivesse seus hábitos alimentares teria que enfrentar sérias consequências, mas também não estava seguro sobre como efetuar a mudança.

3. **Preparação** – Na etapa da preparação, as pessoas estabelecem um planejamento com as atitudes concretas que vão tomar e identificam o que vai precisar ser feito de forma diferente. Quando Richard entrou no estágio de preparação, ele agendou os dias em que iria se exercitar e decidiu trocar seus biscoitinhos da tarde por algo mais saudável.
4. **Ação** – É a fase em que acontece a mudança concreta. Richard começou a frequentar a academia e trocou seus biscoitos da tarde por palitinhos de cenoura.
5. **Manutenção** – Esta etapa, muitas vezes negligenciada, é essencial. Richard precisava planejar tudo com antecedência para ser capaz de manter as mudanças em seu estilo de vida quando encontrasse obstáculos, como feriados ou férias.

MEDO

Quando conheci Andrew, ele estava estagnado em um trabalho que pagava mal e não o desafiava. Ele tinha um diploma universitário, mas trabalhava numa área que não demandava nenhuma das habilidades que aprendera. Havia pouca oportunidade de crescimento.

Poucos meses antes de nossa primeira sessão, ele se envolveu em um acidente de automóvel. Seu carro teve perda total e ele acabou com algumas despesas médicas pesadas para pagar. Como não tinha plano de saúde nem seguro do veículo, estava passando por sérios problemas financeiros.

Apesar de estar muito estressado por causa de sua situação financeira, Andrew tinha medo de procurar um novo emprego. Estava preocupado de não gostar de um trabalho diferente e tinha pouca confiança nas próprias capacidades. Também temia a ideia de ter que se acostumar com um novo escritório, um novo chefe e colegas diferentes.

Ajudei Andrew a pesar os prós e os contras de uma mudança de emprego. Ele conseguiu avaliar a situação ao fazer um orçamento. Se ficasse no emprego em que estava, seria impossível pagar suas contas no fim do mês. Mesmo sem um único gasto extraordinário, ainda lhe faltariam 200 dólares para conseguir pagar tudo. Encarar essa realidade deu a Andrew a motivação de que precisava para começar a se candidatar a novos empregos. O medo de não conseguir pagar suas contas precisou sobrepujar seu temor de arranjar um novo trabalho.

Como Andrew, muitas pessoas têm receio de que, se fizerem algo diferente, poderão tornar as coisas ainda piores. Talvez você não goste da casa em que está morando, mas tem medo de que uma nova traga problemas ainda maiores. Ou talvez esteja sem coragem para terminar um relacionamento porque teme nunca encontrar alguém melhor. Então você se convence a deixar as coisas como estão, mesmo que não esteja feliz.

EVITANDO O DESCONFORTO

Muitas pessoas associam a mudança ao desconforto e com frequência subestimam sua capacidade de tolerar o desconforto causado por uma mudança comportamental. Richard sabia que precisava transformar seus hábitos para melhorar sua saúde, mas não queria abrir mão das comidas de que gostava nem suportar a dor que acompanha os exercícios físicos. Ele estava preocupado, achando que perder peso o deixaria com fome. No entanto, não percebia que esses pequenos desconfortos eram apenas isso mesmo – nada de mais. Foi apenas depois de ganhar confiança em sua capacidade de tolerar o desconforto que ele sentiu que poderia fazer outras mudanças.

LUTO

Tiffany procurou a terapia porque queria controlar seus gastos. Seus hábitos de compras tinham saído do controle, e ela enfrentava um momento de grande estresse porque contraíra uma dívida enorme no cartão de crédito. Não queria continuar gastando, mas ao mesmo tempo não queria mudar. Ao discutirmos algumas preocupações dela sobre o que poderia acontecer caso se mantivesse dentro do orçamento, ela descobriu que não queria abrir mão do tempo que passava com as amigas, com quem geralmente fazia compras aos sábados à tarde. Achava que o único meio de cortar as despesas era abrir mão das amigas, e ela temia que isso a levaria à solidão.

Sempre que fazemos algo diferente estamos deixando de fazer outra coisa. E sempre há um sentimento de luto associado a deixar algo para trás. Para nos pouparmos desse luto, às vezes até nos convencemos a não mudar. Tiffany achava melhor se agarrar aos dias que passava com as amigas no shopping do que evitar a ruína financeira.

O PROBLEMA DE FUGIR DA MUDANÇA

Fugir da mudança pode ter sérias consequências. No caso de Richard, manter seus hábitos provavelmente lhe traria graves problemas de saúde. Quanto mais adiasse a mudança, mais irreversíveis seriam os danos sofridos.

Mas evitar a mudança nem sempre tem apenas consequências físicas. Permanecer estagnado também pode interferir no crescimento pessoal em outras áreas da vida.

- *Permanecer no mesmo lugar com frequência significa ficar estagnado em uma rotina. A vida pode ficar bastante chata*

se você não fizer nada diferente. Uma pessoa que decide deixar as coisas o mais tediosas e modestas possível provavelmente não vai ter uma vida rica nem plena e pode se sentir deprimida.
- *Você não vai aprender coisas novas.* O mundo vai mudar com ou sem você. Não pense que sua decisão de permanecer como está vai impedir quem quer que seja de abraçar a mudança. Você vai se arriscar a ficar para trás se escolher continuar fazendo tudo do mesmo jeito para o resto da vida.
- *Sua vida pode não melhorar.* Se você não mudar, não será possível tornar sua vida melhor. Muitos problemas exigem que você tente algo diferente para que sejam resolvidos. Mas se não estiver disposto a fazer isso, o mais provável é que essas questões continuem sem solução.
- *Você não vai se desafiar a desenvolver hábitos mais saudáveis.* É fácil cultivar maus hábitos. Mas, para se livrar deles, é preciso ter disposição para tentar algo novo.
- *Outras pessoas vão superá-lo.* "Meu marido não é o mesmo homem com quem me casei há trinta anos." Ouço isso o tempo todo em meu consultório, e minha resposta geralmente é: "Que bom, não é?" Espero que todo mundo amadureça e mude no curso de trinta anos. Se você não estiver disposto a se desafiar e mudar, os outros podem se cansar disso.
- *Quanto mais você esperar, mais difícil vai ficar.* Você acha que é mais difícil parar de fumar depois do primeiro cigarro ou depois de vinte anos? Quanto mais tempo você mantiver os mesmos hábitos, mais difícil será rompê-los. Às vezes as pessoas ficam adiando a mudança até o "momento certo". Dizem coisas como "Vou procurar um emprego novo quando as coisas se acalmarem" ou "Vou me preocupar em perder peso depois das férias". Mas muitas vezes o momento ideal nunca chega, e a mudança vai ficando cada vez mais difícil.

ACEITE A MUDANÇA

Ouvi falar de Mary Deming pela primeira vez por um de seus amigos próximos, que não parava de dizer coisas boas sobre ela. Quando ouvi sua história, comecei a entender por quê. Mas só quando falei com ela compreendi do que se tratava de verdade.

Quando Mary tinha 18 anos, sua mãe foi diagnosticada com câncer de mama. Ela morreu apenas três anos depois. Mary admite ter ficado muito reclusa depois da morte da mãe. Diz que oscilava entre sentir pena de si mesma – seu pai havia morrido quando ela era adolescente, e ela não achava justo ter ficado órfã aos 21 – e se ocupar com o máximo de atividades possível para não ter que encarar a realidade da situação.

Mas em 2000, aos 50 anos – a mesma idade com a qual o pai morrera –, ela começou a pensar em sua própria mortalidade. No mesmo ano, pediram a Mary, que trabalhava como professora num colégio, que supervisionasse um evento beneficente para levantar fundos para a pesquisa do câncer. Isso deu a ela a oportunidade de conhecer outras pessoas que tinham perdido seus entes queridos, e o evento acendeu sua paixão por fazer a diferença. Ela então começou a participar de várias iniciativas desse tipo.

A princípio, filiou-se a uma campanha da Sociedade Americana de Câncer, em sua primeira caminhada para arrecadar fundos. Depois, em 2008, participou de uma caminhada de três dias e 90 quilômetros patrocinada por Susan G. Komen, especificamente destinada à pesquisa de câncer de mama. Como sempre fora uma pessoa competitiva, Mary intensificou seus esforços quando viu quanto dinheiro os outros já tinham conseguido arrecadar, e sozinha levantou 38 mil dólares – mil dólares para cada ano que se passara desde a morte de sua mãe.

Mas em vez de se orgulhar do trabalho bem-feito, Mary deu crédito às pessoas em sua pequena cidade por ajudarem-na a levantar o dinheiro. E seus esforços a fizeram reconhecer que arrecadar fundos para uma boa causa era algo que aquecia o coração de seus vizinhos. Então fez uma pesquisa e descobriu que seu estado, Connecticut, tinha a segunda mais alta taxa de câncer de mama do país. E isso deu a ela uma ideia.

Mary decidiu fundar a própria ONG e envolveu toda a comunidade. Deu à organização o nome de Seymour Pink – Seymour, em homenagem a sua cidade, e "pink", cor-de-rosa, em referência à cor usada nas campanhas contra o câncer de mama. A cada outubro, a cidade faz questão de que todos vejam "algo cor-de-rosa". As empresas usam decoração com essa cor, e faixas penduradas em postes de luz em toda a cidade honram os sobreviventes e lembram os entes queridos que perderam a batalha contra o câncer. Casas são decoradas com fitas e balões cor-de-rosa.

Com o passar dos anos, Mary arrecadou quase meio milhão de dólares para causas relacionadas ao câncer de mama. Sua organização doa parte do dinheiro para pesquisa e também fornece apoio financeiro direto para famílias afetadas. Mary não assume o crédito por isso – apenas elogia como os membros de sua comunidade são maravilhosos por participarem das campanhas – e também não menciona seus triunfos pessoais. Eu só soube dos obstáculos que ela precisou superar porque alguém me contou.

Três anos depois do início de seus esforços, Mary sofreu um grave acidente de automóvel. Um traumatismo craniano a deixou com sérios problemas cognitivos e de fala. Mas mesmo isso não seria capaz de deter alguém como ela. Tinha sessões de fonoaudiologia oito vezes por semana e estava determinada a arrecadar dinheiro para pacientes e pesquisa. Numa hora em que a maioria das pessoas teria decidido se aposentar, ela disse: "Não vou desistir assim." Sabia que a recuperação seria longa, mas não pensou em desistir. Levou cinco anos, mas em 2008 ela voltou a seu cargo de professora de ciências no colégio e reassumiu sua atividade nas campanhas pela pesquisa do câncer de mama.

Mary não queria salvar o mundo. Em vez disso, se concentrou em agir para fazer a diferença. Se você começar mudando a sua vida, poderá também fazer diferença na vida dos outros. Como dizia Madre Teresa: "Sozinha não posso mudar o mundo, mas posso jogar uma pedra na água para criar muitas ondas." Mary Deming também não pretendia mudar todo o mundo, mas com certeza mudou muitas vidas.

IDENTIFIQUE OS PRÓS E OS CONTRAS DA MUDANÇA

Crie uma lista com os prós e os contras de continuar onde está. Depois crie outra com os prós e os contras de fazer uma mudança. Não tome uma decisão com base apenas no número de prós *versus* contras. Examine as duas listas. Leia cada uma delas algumas vezes e pense sobre as possíveis consequências de mudar ou continuar na mesma. Se você ainda estiver considerando mudar, este exercício pode lhe deixar mais perto de uma decisão.

Não há necessidade de mudar por mudar. Mudar para uma nova casa, começar um novo relacionamento ou mudar de emprego não vai necessariamente aumentar sua força mental. É importante prestar muita atenção nas razões pelas quais quer mudar para poder determinar se, no fim das contas, a decisão vai ser melhor para você.

Se ainda estiver em dúvida, crie um experimento comportamental. A menos que esteja lidando com uma mudança do tipo "tudo ou nada", tente algo novo por uma semana. Depois avalie seu progresso e sua motivação para decidir se quer continuar comprometido com a mudança.

DESENVOLVA A CONSCIÊNCIA DE SUAS EMOÇÕES

Preste atenção também nas emoções que estão influenciando sua decisão. Como você se sente quando pensa em fazer uma mudança?

- Fica preocupado com a possibilidade de que as mudanças não durem?
- Sente-se exausto com a simples ideia de fazer algo diferente?
- Duvida de sua capacidade de sustentar a mudança?
- Tem medo de que as coisas possam piorar?
- Fica triste porque vai ter que abrir mão de alguma coisa?
- Sente-se desconfortável até mesmo para admitir que existe um problema?

Uma vez que seja capaz de identificar algumas de suas emoções, você pode decidir se faz sentido agir de acordo com elas ou não. Richard, por exemplo, sentia uma variedade de emoções. Ficava nervoso por se comprometer com algo novo. Sentia-se culpado porque poderia perder parte do tempo que dedicava à família indo para a academia e estava preocupado de não conseguir administrar sua saúde. Apesar disso tudo, tinha ainda mais medo do que lhe aconteceria se não fizesse uma mudança.

Não permita que suas emoções tenham a palavra final. Às vezes você tem que estar disposto a mudar, ainda que não esteja "com vontade". Equilibre suas emoções com o pensamento racional. Se estiver com medo de fazer algo novo e isso não fizer uma grande diferença em sua vida, você pode decidir que não vale a pena passar por todo o estresse da mudança. Mas, se você identificar que a mudança será melhor a longo prazo, faz sentido tolerar o desconforto inicial.

ADMINISTRE OS PENSAMENTOS NEGATIVOS

Fique de olho em pensamentos negativos que não correspondem à realidade e podem estar influenciando você. A partir do momento em que começa o processo de mudança, o modo como você pensa sobre esse processo pode afetar muito sua motivação para continuar. Fique alerta a estes pensamentos que podem tentá-lo a fugir da mudança:

- Isto nunca vai funcionar.
- Não consigo dar conta de fazer algo diferente.
- Vai ser difícil demais.
- Vai ser muito estressante abrir mão das coisas de que gosto.
- O que estou fazendo agora não é tão ruim assim.
- Não há sentido em tentar porque já fiz algo assim antes e não deu certo.
- Não lido bem com mudanças.

Só porque você pensa que algo vai ser difícil, não significa que não deva fazê-lo. Com frequência, algumas das melhores coisas da vida vêm de nossa capacidade de superar um desafio com trabalho duro.

CRIE UM PLANO DE SUCESSO PARA A MUDANÇA

A preparação pode ser o passo mais importante para a mudança. Planeje como você vai implementar a mudança e como vai se manter comprometido com ela. Com um plano estabelecido, é possível implementar uma mudança comportamental aos poucos.

A princípio, Richard disse a si mesmo que precisava perder cerca de 35 quilos. Mas pensar nesse número enorme era pressão demais. Ele não acreditava ser possível. Começava cada dia com a melhor das intenções, mas toda noite recaía nos velhos hábitos. Só depois que começou a se concentrar no que podia fazer *hoje* pôde começar a fazer mudanças comportamentais úteis. Ao estabelecer metas menores, como perder 2 quilos, ele conseguiu fixar passos diários que poderia cumprir. Criou um diário alimentar, levava o almoço de casa em vez de comer fora e dava uma pequena caminhada com a família nos dias em que não ia à academia.

A menos que esteja lidando com uma mudança do tipo "tudo ou nada", pode-se criar uma mudança gradual. Prepare-se para ela seguindo estes passos:

- *Crie uma meta que você gostaria de cumprir nos próximos trinta dias.* Às vezes, as pessoas tentam mudar tudo ao mesmo tempo. Identifique uma meta na qual queira se concentrar primeiro e estabeleça uma expectativa realista para o que você gostaria de alcançar em um mês.
- *Estabeleça mudanças comportamentais viáveis que você possa fazer todo dia para alcançar esse objetivo.* Identifique algo que possa fazer diariamente para ficar mais perto de sua meta.
- *Preveja os obstáculos no caminho.* Faça um planejamento sobre como vai reagir aos desafios específicos que provavelmente vai encontrar. Planejar com antecedência pode ajudá-lo a se manter firme no caminho.
- *Meça seu progresso.* Costumamos nos sair melhor quando estabelecemos algum tipo de controle sobre nosso progresso. Peça a ajuda de amigos e familiares que possam lhe oferecer apoio e checar seu progresso com você. Comprometa-se consigo e registre seu progresso todos os dias. Fazer um acompanhamento de seus esforços e conquistas diários vai motivar você a manter as mudanças.

COMPORTE-SE COMO A PESSOA QUE QUER SE TORNAR

Se sua meta for ser mais extrovertido, comporte-se de modo amigável. Se quer ser um vendedor de sucesso, estude como esses profissionais se comportam e faça como eles. Você não tem necessariamente que esperar até sentir vontade ou achar que chegou o momento ideal. Comece a mudar seu comportamento agora mesmo.

Richard queria ser mais saudável, então precisava se comportar assim. Ter uma alimentação mais equilibrada e praticar mais atividades físicas eram duas coisas que ele podia começar a fazer para ficar mais próximo de sua meta.

Identifique claramente que tipo de pessoa você quer ser. Depois seja proativo para se tornar alguém assim. Com frequência, escuto: "Queria ter mais amigos." Não espere que os novos amigos cheguem até você – comece a agir como uma pessoa amigável agora e, assim, você vai construir novas amizades.

ACOLHER A MUDANÇA TORNA VOCÊ MAIS FORTE

O juiz Greg Mathis cresceu nos conjuntos habitacionais populares da cidade de Detroit nos anos 1960 e 1970. Durante a adolescência, foi preso muitas vezes e largou a escola para entrar numa gangue. Aos 17 anos, quando estava encarcerado em um centro de detenção juvenil, sua mãe foi diagnosticada com câncer de intestino. Como consequência, ofereceram a ele um adiantamento da liberdade condicional, e Mathis prometeu à mãe que mudaria sua vida para sempre.

Os termos de sua condicional exigiam que ele mantivesse um emprego, então Mathis começou a trabalhar no McDonald's. Ele foi aceito na Eastern Michigan University e entrou na faculdade de direito. Por causa de seu passado criminoso, não conseguiu emprego como advogado, mas isso não o impediu de achar meios de ajudar a cidade de Detroit. Nessa mesma época, ele e a mulher criaram a ONG Young Adults Asserting Themselves para ajudar jovens a conseguir emprego. Alguns anos depois, Mathis decidiu concorrer ao cargo de juiz. Seus oponentes lembraram seu passado à comunidade, mas os habitantes de Detroit acreditavam que ele havia mudado. Foi eleito o mais jovem juiz da história de Michigan depois de vencer seu concorrente, que ocupava o cargo havia vinte anos. Mathis logo chamou a atenção de Hollywood e, em 1999, começou a fazer um programa popular na TV, no qual arbitra pequenas disputas.

Antes um criminoso, o juiz Mathis agora dedica grande parte de seu tempo e de sua energia a ajudar jovens a tomar decisões melhores na vida. Ele viaja pelo país dando palestras sobre juventude e educação que encorajam jovens a fazer melhores escolhas para o futuro. Mathis recebeu vários prêmios por sua capacidade de inspirar jovens a evitar cometer os mesmos erros que ele.

Às vezes, as mudanças resultam em uma transformação completa que pode alterar todo o curso de uma vida. Com frequência, pessoas que se comprometem a fazer algum tipo de mudança, como se livrar das dívidas, por exemplo, descobrem que estão também perdendo peso e que seu casamento melhorou. Mudanças positivas levam a uma motivação maior, o que, por sua vez, leva a ainda mais mudanças positivas. Acolher a mudança é uma via de mão dupla.

DICAS E ARMADILHAS COMUNS

Infelizmente, sua vida vai mudar, quer você queira ou não. Mudanças por causa da perda do emprego, da morte de um ente querido, de um amigo que se muda para longe ou dos filhos saindo de casa são parte da vida. Ao se adaptar às pequenas mudanças, você vai estar mais bem preparado para lidar com as grandes mudanças inevitáveis que virão.

Preste atenção no modo como você lida com a mudança. Fique de olho em sinais de que você possa estar evitando mudanças importantes que, no fim das contas, podem melhorar a sua vida. De início, a mudança pode trazer a sensação de desconforto, mas você não vai conseguir aumentar sua força mental se não estiver disposto a crescer e melhorar.

O QUE AJUDA

- Avaliar com a mente aberta se você está pronto para a mudança.
- Estabelecer um cronograma realista para definir e alcançar suas metas.
- Equilibrar suas emoções e seus pensamentos racionais para ajudá-lo a decidir se fará ou não algo diferente.
- Ter a disposição de prever os obstáculos que podem interferir no seu progresso.
- Examinar os prós e os contras de fazer uma mudança, assim como os prós e os contras de permanecer na mesma.
- Concentrar-se em uma pequena mudança de cada vez, com etapas claras de ação.
- Comprometer-se a se comportar como a pessoa na qual quer se transformar.

O QUE NÃO AJUDA

- Ignorar a mudança ou mesmo evitar pensar sobre ela.
- Deixar de fazer algo diferente até que chegue o momento que considere certo.
- Permitir que suas emoções determinem se você quer mudar, sem levar em consideração os argumentos lógicos para fazer algo diferente.
- Arrumar desculpas para o que você não consegue fazer diferente.
- Concentrar-se apenas nos aspectos negativos da mudança, sem considerar os pontos positivos.
- Convencer-se a não mudar porque pensa que não é capaz disso.
- Esperar até sentir vontade de mudar.

CAPÍTULO 4

NÃO SE CONCENTRAM NAQUILO QUE NÃO PODEM CONTROLAR

> É impossível controlar todos os
> acontecimentos da sua vida, mas você
> pode escolher não se reduzir a eles.
>
> – MAYA ANGELOU

James chegou ao meu consultório perturbado por causa da batalha judicial pela guarda da filha de 7 anos. A disputa com a ex-mulher, Carmen, já durava mais de três anos. O juiz concedera a guarda principal a Carmen, permitindo ao pai visitas nas quartas-feiras à noite e nos fins de semana. James ficou indignado com essa decisão, pois tinha certeza de que, dos dois, era quem cuidava melhor da filha. Estava convencido de que Carmen queria se vingar dele e destruir sua relação com a garota. Recentemente ele tinha contado a Carmen que planejava uma excursão de observação de baleias com a filha. Quando a viagem estava próxima, a menina lhe contou que a mãe já havia feito essa excursão com ela na semana anterior. James ficou furioso. Ele achava que Carmen sempre tentava ofuscá-lo ou ganhar a preferência da filha ao fazer as maiores festas de aniversário, comprar os presentes de Natal mais caros e levá-la para as férias mais divertidas. James não podia competir financeiramente com a ex-mulher nem queria reproduzir sua falta de disciplina. Carmen permitia à menina ficar acordada até tarde, brincar fora de casa sozinha e comer quantas porcarias quisesse. Ele tentou muitas vezes conversar com a ex-mulher sobre suas preocupações, mas ela deixou claro que não estava interessada na opinião dele. James tinha certeza de que Carmen só queria que ele parecesse o cara malvado aos olhos da filha.

Ele também não gostava do fato de a ex estar namorando de novo, porque se preocupava com o tipo de homens aos quais sua filha seria exposta. Chegou até a mentir para Carmen dizendo que vira seu namorado com outra mulher na esperança de que ela terminasse o relacionamento. No entanto seu plano saiu pela culatra, quando ela ameaçou conseguir uma medida cautelar contra ele caso não a deixasse em paz.

A princípio, James procurou terapia não porque quisesse ajuda para lidar com suas emoções, mas porque estava à procura de um aliado legal. Queria que eu escrevesse uma carta ao tribunal destacando as razões pelas quais ele deveria obter a guarda da filha. Quando expliquei que não podia fazer isso, ele disse que, então, não achava que a terapia pudesse ajudar. Mas, em vez de ir embora, continuou falando.

Quando perguntei como tinham sido as tentativas anteriores de fazer o juiz mudar de opinião, ele reconheceu que o juiz tinha sido bem claro que a guarda permaneceria como estava, quer ele gostasse ou não. Também admitiu que não tinha conseguido convencer Carmen a fazer quaisquer mudanças, apesar de todos os seus esforços. No fim da sessão, ele concordou em voltar ao consultório.

Na próxima sessão, discutimos como suas tentativas de controlar a situação afetavam negativamente sua filha. Ele reconheceu que a raiva que sentia da ex-mulher interferia no relacionamento deles. Discutimos, então, algumas estratégias que poderiam ajudá-lo a reformular alguns de seus esforços para melhorar sua interação com a criança.

Quando James retornou para a terceira e última sessão, soube *que ele tinha entendido a questão quando disse: "Eu deveria ter me concentrado em me divertir com minha filha quando fomos observar as baleias, em vez de passar toda a viagem enviando mensagens raivosas para a mãe dela sobre como não gostava de suas tentativas de me ofuscar." Ele também reconheceu que, embora não concordasse com algumas regras de Carmen, ficar levando-a continuamente ao tribunal não resolveria a situação. Estaria apenas gastando mais dinheiro – que poderia usar com a filha. Então decidiu que devia concentrar sua energia em ser o melhor exemplo possível para a filha, de modo que pudesse exercer uma influência positiva em sua vida.*

MANTENDO TUDO SOB CONTROLE

Todos nós nos sentimos muito seguros quando tudo está sob controle, mas pensar que temos o poder de sempre controlar tudo pode se tornar um problema. Alguma destas afirmações se aplica a você?

- Você gasta muito tempo e energia tentando impedir que algo ruim aconteça.
- Você investe energia desejando que outros mudem.
- Quando encara uma situação difícil, acha que pode dar conta de tudo sozinho.
- Você acredita que o resultado de qualquer situação é inteiramente determinado por quanto esforço dedicou a ela.
- Você acha que boa sorte nada tem a ver com êxito. Em vez disso, cabe apenas a você determinar seu futuro.
- Às vezes outras pessoas o acusam de ser muito controlador.
- Você reluta em delegar tarefas aos outros porque não acredita que farão as coisas direito.

- Você tem dificuldade de deixar as coisas para lá, mesmo quando reconhece que não pode controlar toda a situação.
- Quando fracassa em alguma coisa, você acredita ser o único responsável.
- Pedir ajuda lhe traz desconforto.
- Você acha que as pessoas que não alcançam seus objetivos são completamente responsáveis por sua situação.
- Você reluta em trabalhar em equipe porque duvida da capacidade dos outros.
- Sua falta de confiança nas pessoas torna difícil estabelecer relacionamentos significativos.

Você se encaixa em alguns dos exemplos anteriores? Não é possível conjugar todas as circunstâncias e todas as pessoas em nossa vida de modo que elas sejam do jeito que achamos que *deveriam* ser. Quando aprender a deixar de lado os detalhes que não controla, você vai ver que a quantidade de tempo e energia que sobrará para se dedicar às coisas que pode controlar vai lhe render a capacidade de conquistar coisas incríveis.

POR QUE TENTAMOS CONTROLAR TUDO

James se sentia muito culpado com o divórcio. Tentara fazer seu casamento com Carmen dar certo porque queria que a filha crescesse em um lar estável. Não quis que ela sofresse quando o relacionamento terminou.

Ele claramente era um pai amoroso que se preocupava com o bem-estar da filha. Para ele, era aterrorizador reconhecer quão pouco controle exercia sobre o que acontecia com a menina quando ela estava com a mãe. Para reduzir sua ansiedade, tentava controlar a situação o máximo que podia. Achava que, se pudesse controlar tudo – de quem sua mulher namorava a que regras haveria na casa dela –, se sentiria melhor.

A tentativa de controlar tudo geralmente começa como um modo de lidar com a ansiedade. Se você sabe que tem tudo sob controle, por que se preocupar? Mas, em vez de se concentrar em administrar sua ansiedade, você tenta controlar o ambiente ao seu redor.

O desejo de consertar tudo pode também vir de uma espécie de complexo de super-herói. Costumamos ficar presos à crença errônea de que, se nos esforçarmos o bastante, tudo vai ficar do jeito que queremos. Em vez de delegar uma tarefa para algum colega ou confiar que o companheiro vai cuidar das plantas, muitas vezes escolhemos fazer as coisas por conta própria, para nos assegurarmos de que serão feitas "direito", já que não confiamos na capacidade dos outros.

O LÓCUS DE CONTROLE

Decidir o que está ou não sob seu controle depende em grande parte de seu sistema de crenças. O campo da psicologia se refere a isso como seu lócus de controle. Pessoas com um lócus de controle externo acreditam que sua vida depende muito do destino e da sorte. São mais inclinadas a acreditar que "o que tiver que ser será".

Já as pessoas com um lócus de controle interno acreditam que têm total controle sobre seu futuro. Assumem plena responsabilidade por seus sucessos e fracassos na vida e acreditam que têm a capacidade de controlar tudo, de seu futuro financeiro a sua saúde.

Seu lócus de controle determina como você enxerga as circunstâncias. Imagine um candidato que vai a uma entrevista de emprego. Ele tem a qualificação, a educação e a experiência que a companhia procura. Mas poucos dias depois da entrevista recebe uma ligação dizendo que não conseguiu o emprego. Se tiver um lócus de controle externo, vai pensar: "Provavelmente encontraram alguém superqualificado querendo essa posição. De qualquer maneira, não era o trabalho certo para mim mesmo." Por outro lado, se tiver um lócus de controle interno, é mais provável que pense: "Eu não devo ter conseguido impressioná-los. Sabia que deveria ter refeito meu currículo. Também tenho que aprimorar minhas habilidades para entrevistas."

Diversos fatores influenciam seu lócus de controle. Sua criação certamente desempenha um papel. Se você cresceu em uma família em que o trabalho sacrificado era valorizado, pode ter se inclinado mais para um lócus de controle interno, por acreditar que dar duro vale a pena. Mas, se seus pais lhe incutiram pensamentos como "seu voto não conta neste mundo" ou "não importa o que fizer, o mundo sempre vai colocá-lo para baixo", você pode ter desenvolvido um lócus de controle externo.

Suas experiências na vida também podem influenciar seu lócus de controle. Se você for bem-sucedido quando se esforçar, vai ver que tem muito controle sobre os resultados. Mas se achar que, não importa o que fizer, as coisas nunca darão certo, passará a sentir que tem menos controle.

Muitas vezes o lócus de controle interno é idealizado como a "melhor" maneira de agir. Ideias como "você pode fazer qualquer coisa desde que se esforce" têm sido valorizadas em muitas culturas. Na verdade, pessoas com um grande senso de controle se tornam grandes presidentes de empresas por acreditarem em sua capacidade de fazer diferença. Médicos também gostam de ter pacientes com forte lócus de controle interno, porque fazem todo o possível para tratar e evitar doenças. Mas há também aspectos negativos potenciais em acreditar que você pode controlar *tudo*.

O PROBLEMA DE GASTAR ENERGIA COM O QUE VOCÊ NÃO PODE CONTROLAR

James gastava muito tempo, energia e dinheiro tentando mudar sua situação, ainda que seus comparecimentos ao tribunal evidentemente não estivessem influenciando a decisão do juiz. No começo achou que, se fizesse mais esforço para controlar a situação, reduziria seu estresse, mas a longo prazo o estresse aumentava cada vez que ele fracassava na tentativa de ter mais controle. Suas investidas também impactavam de forma negativa a relação com a filha. Em vez de aproveitar o tempo que tinham juntos e se concentrar em cultivar a relação dos dois, ele a enchia de perguntas para saber o que acontecia na casa de sua mãe. Há diversos problemas associados à tentativa de controlar tudo:

- *Tentar manter controle total aumenta a ansiedade.* Os esforços de lidar com a sua ansiedade tentando controlar tudo a sua volta vão sair pela culatra. Quanto mais fracassa em suas tentativas de controlar a situação, mais ansioso você fica. Perceber que não tem capacidade de controlar tudo pode levar você a sentimentos de inadequação.

- *Tentar controlar tudo é um desperdício de tempo e energia.* Se preocupar com coisas fora de seu controle é um desperdício de energia mental. É exaustivo ficar desejando que as circunstâncias sejam diferentes, tentando convencer as pessoas de que têm que fazer tudo do seu jeito e querendo impedir que algo ruim aconteça. Isso tira a energia que você poderia dedicar para resolver problemas e questões sobre as quais tem controle.
- *Ser controlador prejudica os relacionamentos.* Dizer às pessoas o que e como devem fazer as coisas não é algo que atraia muitos amigos. Na verdade, muitos que tendem a ser controladores encontram dificuldade em se aproximar das pessoas por não delegarem aos outros qualquer tipo de responsabilidade.
- *Tentar controlar tudo vai levar você a julgar os outros com severidade.* Se você credita todo o seu sucesso na vida à própria capacidade, vai criticar aqueles que não pensam como você. Na verdade, pessoas com um intenso lócus de controle interno tendem a ser solitárias porque se irritam com facilidade quando os outros não agem conforme os seus padrões.
- *Culpar-se por tudo sem necessidade.* Você não pode impedir que coisas ruins aconteçam. Mas se acreditar que tudo está sob seu controle, vai se considerar responsável cada vez que a vida não sair segundo os seus planos.

DESENVOLVA UM SENSO DE CONTROLE EQUILIBRADO

James não conseguiu seguir em frente até aceitar que não tinha total controle sobre a situação da guarda de sua filha. Ao reconhecer isso, pôde se concentrar nas coisas sobre as quais tinha controle – como melhorar a relação com a menina. Também queria estabelecer uma relação ao menos cordial com a ex-mulher, mas, para isso, precisava continuar se lembrando de que não tinha controle sobre o que acontecia na casa dela. Claro que poderia agir se reconhecesse qualquer sinal de que a menina estava sendo seriamente prejudicada, mas comer sorvete e ir dormir tarde não têm o grau de perigo que faria um juiz lhe conceder a guarda da filha.

Aqueles que têm um grau equilibrado de controle reconhecem como seu comportamento pode afetar suas chances de sucesso, mas também identificam que os fatores externos têm seu papel – como estar no lugar certo na hora certa. Pesquisadores descobriram que essas pessoas têm um lócus de controle duplo, e não um lócus completamente externo ou interno. Para atingir esse equilíbrio, esteja disposto a examinar suas crenças acerca do que realmente pode controlar e do que não pode. Preste atenção nas vezes em que dedicou muita energia a pessoas e circunstâncias sobre as quais não tinha controle. Lembre-se de que há muita coisa ao seu redor que está fora do seu alcance:

- Você pode ser anfitrião de uma ótima festa, mas não tem controle sobre até que ponto as pessoas vão se divertir.
- Você pode oferecer a seu filho ferramentas para o sucesso, mas não fazer dele um bom aluno.
- Você pode dar o melhor de si no trabalho, mas não obrigar seu chefe a reconhecer isso.
- Você pode vender um grande produto, mas não determinar quem vai comprá-lo.
- Você pode ser a pessoa mais inteligente na sala, mas não garantir que as pessoas sigam seus conselhos.
- Você pode resmungar, implorar e fazer ameaças, mas não forçar seu cônjuge a se comportar de maneira diferente.

- Você pode ter a atitude mais positiva do mundo, mas não fazer desaparecer um diagnóstico terminal.
- Você pode controlar quanto se cuida, mas não impedir doenças para sempre.
- Você pode controlar o seu próprio negócio, mas não o do seu concorrente.

IDENTIFIQUE SEUS MEDOS

Em 2005, Heather von St. James foi diagnosticada com mesotelioma quando sua filha tinha apenas 3 meses. Quando criança, ela usava a jaqueta de construção de seu pai em suas brincadeiras. É muito provável que a jaqueta tenha sido exposta ao amianto, que está ligado ao mesotelioma, o que pode explicar por que, aos 36 anos, Heather tinha aquela que era conhecida como uma "doença de idosos".

Inicialmente, os médicos deram a Heather quinze meses de vida. Disseram que, com radioterapia e quimioterapia, poderia chegar a viver até cinco anos. No entanto, ela era uma boa candidata à remoção do pulmão, e esta era sua melhor chance de sobreviver, embora fosse uma cirurgia arriscada.

Heather escolheu passar pela longa cirurgia que removeria o pulmão afetado e a pleura, assim como substituiria metade do diafragma e a membrana do coração com Gore-Tex cirúrgico. Manteve-se hospitalizada por um mês depois da cirurgia. Ao deixar o hospital, ficou na casa dos pais por um tempo para que pudessem ajudá-la nos primeiros meses, quando o marido dela retornasse ao trabalho. Ao voltar para casa, três meses depois, Heather foi submetida a radioterapia e quimioterapia. Levou mais de um ano para começar a se sentir melhor, mas até hoje permanece livre do câncer. Embora fique sem fôlego com mais facilidade se fizer esforço físico, já que só tem um pulmão, ela considera que esse foi um preço relativamente pequeno a pagar.

Para comemorar a data em que seu pulmão foi removido, Heather agora celebra o "Dia de Despedida do Pulmão" a cada 2 de fevereiro. Na data, ela reconhece seus medos acerca das coisas sobre as quais não tem controle, como uma possível recidiva do câncer. Ela usa uma caneta para escrever seus medos em um prato e depois o quebra numa fogueira. Depois de oito anos, a comemoração cresceu. Hoje, mais de oitenta pessoas participam, entre família e amigos. Os convidados fazem o mesmo, quebrando os pratos com seus medos no fogo. Além disso, também transformaram o acontecimento num evento de arrecadação de fundos para a pesquisa do mesotelioma.

"O câncer faz você se sentir sem controle", reconhece Heather. Atualmente ela está livre do câncer, mas continua com medo de sua filha crescer sem mãe. De qualquer forma, escolheu encarar seus medos escrevendo o que mais a apavora e reconhecer que essas coisas não estão sob controle. Ela então se concentra naquilo que pode controlar – como viver todos os dias em sua plenitude.

Hoje Heather trabalha oferecendo apoio a pacientes com mesotelioma. Fala com pessoas recém-diagnosticadas e as ajuda a lidar com seus medos a respeito da doença. Também se tornou uma importante conferencista, levando sua mensagem de esperança e cura.

Quando perceber que está tentando controlar algo que não pode, pergunte-se: "Do que eu tenho tanto medo?" Está preocupado que alguém faça uma escolha errada? Teme que algo saia terrivelmente errado? Que você não seja bem-sucedido? Admitir seus medos e compreendê-los o ajudará a começar a reconhecer o que está sob seu controle e o que não está.

CONCENTRE-SE NO QUE PODE CONTROLAR

Depois de identificar seus medos, pontue o que você pode controlar, levando em conta que, às vezes, as únicas coisas que pode controlar são seu comportamento e sua atitude.

Você não tem controle sobre o que acontece com sua bagagem depois de tê-la entregado ao funcionário da companhia aérea no aeroporto, por exemplo. Mas o que pode controlar é o que coloca dentro de sua mala de mão. Se você mantiver consigo os pertences mais importantes e uma muda extra de roupas, caso a bagagem não chegue ao destino a tempo, isso não será uma emergência. Concentrar-se no que você pode controlar torna muito mais fácil deixar de lado a preocupação com o que não pode.

Ao perceber que está muito ansioso em uma situação, faça o que puder para administrar sua reação e influenciar o resultado. Mas admita que não pode controlar outras pessoas e que nem sempre pode ter total controle sobre o resultado.

INFLUENCIE AS PESSOAS SEM TENTAR CONTROLÁ-LAS

Jenny tinha 20 anos quando decidiu abandonar a faculdade. Depois de passar dois anos estudando para conseguir um diploma em educação, ela decidiu que na verdade não queria se tornar professora de matemática. Para horror de sua mãe, foi estudar arte.

Todos os dias, a mãe de Jenny telefonava para dizer que ela estava arruinando sua vida. Deixou claro que nunca apoiaria a decisão da filha de abandonar a faculdade. Chegou a ameaçar cortar relações com ela caso não escolhesse o "caminho certo".

Jenny logo se cansou das críticas diárias da mãe sobre suas escolhas. Disse a ela diversas vezes que não voltaria à faculdade e que seus insultos e ameaças não a fariam mudar de ideia. Mas a mãe persistia, porque se preocupava com que tipo de futuro a filha teria como artista.

Finalmente Jenny parou de atender o telefone e deixou de ir jantar na casa da mãe. No fim das contas, não era agradável ouvir os sermões sobre as pessoas que largavam a faculdade e artistas aspirantes que nunca conseguiam um lugar ao sol. Jenny era uma mulher adulta, mas a mãe queria controlar tudo o que ela fazia. Era doloroso ficar à margem e ver a filha fazer escolhas que ela considerava irresponsáveis. Imaginava que a jovem estaria sempre sem dinheiro, infeliz e lutando só para sobreviver. Infelizmente, a mãe de Jenny acreditava que podia controlar o que a filha fazia de sua vida, e suas tentativas arruinaram o relacionamento entre as duas sem motivar Jenny a fazer qualquer coisa diferente.

É difícil ficar sentado vendo outra pessoa assumir um comportamento que não aprovamos, especialmente se for algo que é considerado autodestrutivo. Mas fazer exigências, ameaçar e implorar não é suficiente para gerar os resultados desejados. Eis algumas estratégias para influenciar os outros sem tentar obrigá-los a mudar:

- *Ouça primeiro, fale depois.* As outras pessoas costumam ficar menos na defensiva quando sentem que você se esforçou para ouvir o que elas têm a dizer.
- *Partilhe suas opiniões e preocupações, mas apenas uma vez.* Ficar repetindo sua reclamação não vai tornar suas palavras mais eficazes. Na verdade, isso pode surtir o efeito contrário.
- *Mude seu comportamento.* Se uma mulher não quer que o marido beba, esvaziar suas garrafas de cerveja na pia não vai motivá-lo a parar de beber. Mas ela pode escolher ficar com ele quando está sóbrio e se afastar quanto bebe. Se gostar de

passar tempo com ela, ele poderá escolher ficar sóbrio com mais frequência.
- *Aponte o lado positivo.* Se alguém estiver fazendo um esforço genuíno para mudar, seja para parar de fumar ou começar a se exercitar, ofereça elogios verdadeiros. Não passe dos limites nem diga algo como: "Eu lhe disse que se sentiria melhor se parasse de comer tanta porcaria." Dizer "Eu avisei!" não costuma motivar ninguém.

PRATIQUE A ACEITAÇÃO

Imagine um homem preso num congestionamento. Em vinte minutos, o trânsito não se moveu nem um centímetro e ele vai se atrasar para uma reunião. Começa a gritar, praguejar e bater os punhos no volante. Ele quer tanto estar no controle que não pode tolerar atrasos. *Estas pessoas deveriam sair do meu caminho*, ele pensa. *É ridículo que haja tanto trânsito no meio da tarde.*

Agora compare essa pessoa a alguém no carro ao lado que liga o rádio e decide cantar junto com algumas de suas músicas prediletas enquanto espera. Ele pensa *Chegarei lá quando der* e usa seu tempo e sua energia sabiamente, por ter a noção de que não tem controle sobre o fluxo de tráfego. Em vez disso, diz a si mesmo: *Há milhões de carros nas ruas todo dia. E às vezes isso acontece mesmo.*

Qualquer um dos dois poderia escolher fazer algo diferente no futuro para evitar o engarrafamento. Poderiam sair mais cedo, usar uma rota diferente, utilizar transporte público, ver as informações do trânsito antes ou mesmo começar um movimento para tentar mudar a malha urbana. Mas, por enquanto, eles só têm como escolha aceitar que estão presos em um congestionamento ou se concentrar na injustiça desse fato.

Você pode escolher aceitar a situação em que está, mesmo que não goste dela. Pode aceitar que seu chefe é malvado, que sua mãe não aprova suas decisões ou que seus filhos não são ambiciosos. Isso não significa que não possa se esforçar para influenciá-los a mudar de comportamento, mas sim que você pode parar de tentar obrigá-los a agir do seu jeito.

ABRIR MÃO DO CONTROLE
TORNA VOCÊ MAIS FORTE

Aos 18 anos, Terry Fox foi diagnosticado com osteossarcoma. Os médicos amputaram sua perna, mas advertiram que sua chance de sobrevivência era de apenas 50%. Também deixaram claro que houvera grandes avanços no tratamento do câncer nos últimos anos. Há dois anos, a taxa de sobrevivência para aquele tipo de doença era de apenas 15%.

Três semanas depois da cirurgia, Fox já caminhava com a ajuda de uma prótese. Seus médicos perceberam que sua atitude positiva muito provavelmente influiu na rapidez de sua recuperação. Ele passou por dezesseis meses de quimioterapia e, durante esse tempo, conheceu outros pacientes que estavam morrendo de câncer. Quando o tratamento terminou, resolveu divulgar a necessidade de mais verbas para a pesquisa da doença.

Na noite antes de ter a perna amputada, Terry lera uma matéria sobre um homem que havia corrido a maratona de Nova York com uma prótese. O artigo o inspirou a começar a correr assim que estivesse fisicamente capaz. Ele correu a primeira maratona na Colúmbia Britânica e, embora tivesse terminado em último lugar, foi recebido com muito apoio na linha de chegada.

Depois de completar a maratona, Fox criou um plano de arrecadação de fundos. Ele decidiu atravessar o Canadá correndo uma maratona por dia. De início, esperava arrecadar um milhão de dólares, mas logo começou a mirar mais alto. Queria levantar um dólar por pessoa no país – num total de 24 milhões de dólares.

Em abril de 1980, começou seu projeto de correr mais de 40 quilômetros por dia. Seu apoio aumentou com a divulgação da notícia. As comunidades começaram a preparar grandes recepções para comemorar sua chegada na cidade. Pediam que discursasse, e a quantia de dinheiro arrecadado cresceu ainda mais.

Terry correu 143 dias direto, o que foi impressionante. Mas a corrida chegou ao fim quando ele ficou sem fôlego e sentiu dores no peito. Foi levado ao hospital e os médicos confirmaram que o câncer havia retornado e se espalhado para os pulmões. Ele foi forçado a parar depois de ter corrido mais de 4.500 quilômetros.

Quando foi hospitalizado, havia levantado 1,7 milhão de dólares. Mas ganhou apoio ainda maior quando souberam de sua internação. Um teleton de cinco horas arrecadou 10,5 milhões. As doações continuaram e, na primavera seguinte, já tinham chegado a mais de 23 milhões de dólares. Terry passou por vários tratamentos, mas seu câncer continuou a se espalhar e ele morreu em junho de 1981.

Terry compreendeu que não podia controlar cada aspecto de sua saúde. Não podia impedir que os outros tivessem câncer. Nem sequer podia controlar o modo como a doença se espalhava dentro do próprio corpo. Em vez de se concentrar nessas coisas, ele escolheu colocar sua energia no que podia controlar.

Em uma carta pedindo apoio antes de começar a correr, deixou claro não pensar que a corrida curaria o câncer, mas sabia que ela faria diferença. "A corrida eu posso fazer, ainda que tenha de me arrastar até o último quilômetro", disse ele.

Sua escolha por fazer algo que parecia inimaginável deu a ele um propósito que continua vivo até hoje. Cada ano, pessoas de todos os países participam da prova Terry Fox. Já foram arrecadados 650 milhões de dólares em sua homenagem.

Quando parar de tentar controlar todos os aspectos da sua vida, você vai ter mais tempo e energia para se dedicar às coisas que pode controlar. Eis alguns benefícios:

- **Aumento da felicidade** – O nível máximo de felicidade é alcançado quando uma pessoa tem um lócus de controle equilibrado. As pessoas que entendem que podem dar muitos passos para controlar sua vida ao reconhecer as limitações de suas habilidades são mais felizes que aquelas que pensam serem capazes de controlar tudo.
- **Relacionamentos melhores** – Quando abrir mão de sua necessidade de controle, você terá relacionamentos melhores. Assim, terá menos problemas de confiança e receberá melhor as pessoas em sua vida. Vai estar mais disposto a pedir ajuda e os outros passarão a enxergá-lo como alguém menos crítico. Pesquisas indicam que quem para de tentar controlar tudo experimenta uma sensação maior de pertencimento e de comunidade.
- **Menos estresse** – Você vai se sentir menos estressado quando parar de carregar o peso do mundo. Ao desistir do controle, pode ser que experimente um pouco de ansiedade a curto prazo, mas com o tempo seu estresse e sua ansiedade vão diminuir.
- **Novas oportunidades** – Quando você tem uma forte necessidade de controlar as coisas, menor é a probabilidade de fazer mudanças em sua vida, porque não há quaisquer garantias de um resultado positivo. Ao escolher abrir mão de sua necessidade de controlar tudo, a confiança em sua capacidade de lidar com as novas oportunidades vai aumentar.
- **Mais sucesso** – Embora a maioria das pessoas que querem controlar tudo tenha um desejo profundo de sucesso, ter um lócus de controle interno interfere nas suas chances de êxi-

to. Pesquisas mostraram que ficar preocupado demais em assegurar que terá sucesso faz você realmente não enxergar oportunidades que poderiam lhe trazer progressos. Ao desistir de controlar tudo, você vai estar mais aberto a olhar em volta e reconhecer a boa sorte em seu caminho, mesmo que não esteja relacionada diretamente ao seu comportamento.

DICAS E ARMADILHAS COMUNS

Se escolher se concentrar no que há de errado no mundo, sem tentar descobrir como pode controlar sua atitude e seu comportamento, você vai ficar estagnado. Em vez de gastar energia tentando impedir uma tempestade, concentre-se em aprender como se preparar para ela.

O QUE AJUDA
- Delegar tarefas e responsabilidades aos outros.
- Pedir ajuda quando precisar.
- Concentrar-se em resolver problemas que estejam sob seu controle.
- Manter em mente que é melhor influenciar os outros, e não controlá-los.
- Pensar de maneira equilibrada sobre o que está ou não sob seu controle.
- Não responsabilizar apenas a si mesmo pelo desfecho das situações.

O QUE NÃO AJUDA

- Insistir em fazer tudo porque ninguém sabe fazer direito.
- Escolher fazer tudo sozinho porque você acha que pode dar conta de tudo sem precisar de ajuda.
- Gastar seu tempo tentando imaginar como mudar as coisas que provavelmente estão além de sua esfera de controle.
- Tentar obrigar os outros a fazerem o que você pensa que deveriam, não importando como eles se sentem.
- Pensar apenas no que pode fazer para que as coisas fiquem do jeito que você quer.
- Assumir plena responsabilidade pelo desfecho das situações sem reconhecer outros fatores que o influenciam.

CAPÍTULO 5

NÃO TENTAM AGRADAR TODO MUNDO

Preocupe-se com o que os outros pensam, e você será sempre prisioneiro deles.

– LAO-TSÉ

Megan entrou em meu consultório procurando ajuda porque estava estressada e sobrecarregada. Disse que não havia horas suficientes no dia para realizar tudo o que precisava.

Aos 35 anos, era casada e tinha dois filhos. Trabalhava meio período, dava aulas na escola dominical e era líder do grupo de escoteiras. Esforçava-se para ser boa esposa e mãe, mas achava que não fazia o bastante. Era comum ficar irritadiça e rabugenta com a família sem saber ao certo por quê.

Quanto mais Megan falava, mais ficava claro que ela era uma mulher que não sabia dizer não. Membros da igreja telefonavam no sábado à noite para lhe pedir que fizesse um bolo para as atividades no domingo de manhã. Pais do grupo de escoteiras às vezes dependiam dela para levar suas filhas para casa quando ficavam presos no trabalho.

Muitas vezes Megan também ficava de babá para os filhos de sua irmã, para que ela economizasse. Tinha, ainda, uma prima que solicitava favores e sempre vinha com um problema de última hora, desde falta de dinheiro a ajuda para reformar a casa. Ulti-

mamente, Megan parara de atender as ligações da prima, porque sabia que ela sempre queria lhe pedir algo.

Megan me contou que sua regra número um era jamais dizer não para a família. Assim, quando a prima ou a irmã pediam um favor, aceitava automaticamente. Quando perguntei que impacto isso tinha sobre seu marido e seus filhos, ela respondeu que às vezes não chegava a tempo para o jantar ou para colocar as crianças na cama. Só admitir isso em voz alta já fez Megan perceber que dizer sim para os parentes significava dizer não para sua família imediata. Embora valorizasse a família como um todo, seu marido e seus filhos eram a maior prioridade, e ela decidiu que devia começar a tratá-los como tal.

Também falamos sobre sua necessidade de que todos gostem dela. Seu maior temor era que as pessoas pensassem que ela era egoísta. No entanto, depois de algumas sessões de terapia, percebemos que sua necessidade de ser querida era na verdade muito mais egoísta que dizer não a alguém. Ajudar as pessoas não tinha a ver com melhorar a vida delas. Em grande parte, ela estava cedendo porque queria ser tida em alta estima. Quando mudou o modo como pensava em agradar as pessoas, ela se tornou capaz de rever seu comportamento.

Megan precisou de um pouco de prática para começar a dizer não. Na verdade, nem sabia direito como fazer isso. Ela achava que precisava de uma desculpa, mas não queria mentir. Eu a encorajei a apenas dizer: "Não, não posso fazer isso", sem dar uma longa explicação. Ela começou a exercitar dizer não e quanto mais fazia isso, mais fácil ficava. Pensava que as pessoas ficariam ressentidas com ela, mas logo notou que elas não pareciam se importar. Quanto mais tempo passava com a família, menos irritadiça se sentia. Seu nível de estresse diminuiu e, depois de dizer não algumas vezes, Megan passou a se sentir menos pressionada a agradar os outros.

SINAIS DE PREOCUPAÇÃO EM AGRADAR OS OUTROS

No Capítulo 2, discutimos como, ao abrir mão de seu poder pessoal, você permite que as pessoas controlem o modo como você se sente. Por outro lado, fazer de tudo para agradar os outros é tentar controlar a forma como eles se sentem. Alguma destas afirmações se aplica a você?

- Você acha que é responsável pelo modo como os outros se sentem.
- Pensar que alguém tem raiva de você o deixa desconfortável.
- Você tende a ser convencido com facilidade.
- Você acha mais fácil concordar com as pessoas do que expressar uma opinião contrária.
- Você com frequência se desculpa mesmo quando não acha que fez algo errado.
- Você faz grandes esforços para evitar conflitos.
- Você geralmente não diz para as pessoas quando se sente ofendido nem quando seus sentimentos são feridos.
- Você tende a dizer sim quando as pessoas lhe pedem favores, mesmo que na verdade não queira fazer o que lhe pediram.
- Você muda de comportamento com base no que acredita que os outros querem de você.
- Você gasta muita energia tentando impressionar as pessoas.
- Se der uma festa e as pessoas não parecerem estar se divertindo, você vai se sentir responsável por isso.
- Você com frequência está em busca de elogios e aprovação das pessoas em sua vida.
- Quando alguém ao redor está chateado, você assume a responsabilidade por fazê-lo se sentir melhor.
- Você nunca iria querer que alguém pensasse que é egoísta.

- Você se sente sufocado com tarefas demais e sobrecarregado por todas as coisas que tem que fazer.

Alguns desses exemplos lhe parece familiar? Tentar ser uma "pessoa legal" pode ter efeito contrário quando seu comportamento passa a ser uma obrigação de agradar os outros. Isso pode prejudicar muitas áreas da sua vida e impedi-lo de alcançar suas metas. Você ainda pode ser uma pessoa gentil e generosa sem precisar agradar os outros o tempo todo.

POR QUE TENTAMOS AGRADAR AS PESSOAS

Megan lutava para parecer alguém que sempre satisfazia as necessidades dos outros. Seu senso de valor pessoal era alimentado pelo modo como as pessoas pareciam percebê-la. Fazia grandes esforços para fazer os outros felizes porque, em sua mente, as alternativas – entrar em conflito, sentir-se rejeitada ou destruir relacionamentos – eram muito piores do que a exaustão emocional e física que sentia.

MEDO

Conflito e confronto podem ser desconfortáveis. Em geral não é agradável estar entre colegas de trabalho se altercando em uma reunião. E quem quer ir a evento de família quando os parentes não param de discutir? Com medo de entrar em conflito, dizemos a nós mesmos: *Se eu puder deixar todo mundo feliz, tudo vai ficar bem.*

Quando alguém que se preocupa em agradar a todos vê um carro se aproximando com rapidez pelo retrovisor, e pode dirigir mais rápido por pensar: *Este cara está com pressa. Não que-*

ro deixá-lo chateado por estar dirigindo devagar demais. Alguém assim também teme a rejeição e o abandono, pensando: *Se eu não deixá-lo feliz, você não vai gostar de mim.* Essas pessoas se alimentam dos elogios e do reconhecimento dos outros e, se não estão recebendo retorno positivo, mudam de comportamento para tentar fazer os outros se sentirem felizes.

COMPORTAMENTO ADQUIRIDO

Às vezes o desejo de evitar conflito remonta à infância. Se você foi educado por pais que viviam brigando, pode ser que tenha aprendido que conflitos são ruins e que manter as pessoas felizes é o melhor jeito de evitar discussões.

Filhos de alcoólatras, por exemplo, com frequência crescem querendo agradar as pessoas porque essa era a melhor maneira de lidar com o comportamento imprevisível dos pais. Em outros casos, fazer boas ações era a melhor forma de conseguir atenção.

Colocar as outras pessoas em primeiro lugar também pode ser um modo de se sentir necessário e importante. *Eu tenho valor se posso fazer as pessoas felizes.* Assim, torna-se um hábito sempre investir energia nos sentimentos e na vida dos outros.

Muitos pacientes falam que precisam se comportar como um capacho, porque é isso que a Bíblia diz que devem fazer. Mas eu tenho certeza de que a Bíblia diz "ame o seu próximo como a si mesmo", e não "mais do que a si mesmo". A maioria dos conselheiros espirituais nos encoraja a sermos firmes o bastante para viver de acordo com nossos valores, mesmo que isso desagrade algumas pessoas.

O PROBLEMA DE TENTAR AGRADAR A TODOS

O desejo de Megan de agradar a todos fez com que ela perdesse de vista seus valores. Ela não estava conseguindo satisfazer suas necessidades, e isso tinha um impacto negativo sobre seu humor. Ela só se deu conta de quanto seus esforços crescentes de agradar os outros haviam afetado sua família quando, depois de algumas sessões de terapia, ouviu do marido: "Eu sinto como se tivesse a antiga Megan de volta."

SUAS SUPOSIÇÕES NEM SEMPRE SÃO VERDADEIRAS

Sally convida Jane para irem às compras. A única razão para o convite é que Jane a convidara para um café na semana anterior e Sally achou que seria legal retribuir a gentileza. No entanto, Sally espera que Jane não aceite, porque quer ir ao shopping rapidinho para escolher alguns sapatos. Ela sabe que, se Jane for, é provável que fiquem horas dentro do shopping.

Jane na verdade não quer ir às compras. Ela tem algumas pequenas coisas para resolver em casa. Mas não quer ferir os sentimentos da amiga. Então aceita o convite.

As duas pensam estar fazendo algo que agrada a outra, mas elas nem têm ideia do que a outra de fato quer. Suas "tentativas de serem legais" estão na verdade causando mais incômodo uma à outra. No entanto, nenhuma delas tem coragem de ser sincera sobre seus sentimentos.

A maioria de nós presume que tentar agradar os outros é uma prova de generosidade. Mas quando você pensa um pouco sobre isso, tentar agradar sempre não é um gesto altruísta. Trata-se de acreditar que todos se importam com cada movimento seu. Além disso, também parece que você acredita ter o poder de controlar o que os outros sentem.

Se estiver constantemente tentando deixar os outros felizes e achar que eles não reconhecem seus esforços, logo, logo você vai começar a ficar ressentido. Pensamentos do tipo *Faço tanto por você, e você não faz nada por mim* começarão a surgir e, por fim, podem ser muito prejudiciais para os seus relacionamentos.

AGRADAR A TODOS PREJUDICA OS RELACIONAMENTOS

Angela não tentava agradar todos a sua volta, apenas os homens com quem saía. Se era alguém que dizia gostar de mulheres com um grande senso de humor, contava umas piadas a mais. Se gostasse de mulheres espontâneas, ela falava da viagem de última hora que fizera à França no ano anterior. Se, no entanto, outro dissesse que gostava de mulheres inteligentes, diria que a mesma viagem à França no ano anterior fora porque queria ver exposições de arte.

Ela fazia de tudo para parecer mais atraente a qualquer um com quem estivesse saindo. Achava que teriam um segundo encontro se ela dissesse coisas suficientes para agradar seu par, mas não pensava nas possíveis consequências de ficar mudando de personalidade. No fim, não conseguia agradar ninguém por tempo o bastante.

Nenhum homem respeitável iria querer sair com uma casca de mulher que se comportava como um fantoche. Na verdade, muitos de seus pares se aborreciam por ela concordar com tudo o que diziam. Suas tentativas de dizer apenas o que eles queriam ouvir eram evidentes.

Angela tinha medo de que, se discordasse do par ou mantivesse uma opinião contrária à dele, ele deixaria de se interessar por ela. Isso revelava sua falta de confiança. *Você não vai me querer por perto, a não ser que eu faça o que você quiser*, pensava ela.

Se você gosta de alguém de verdade e acredita que essa pessoa também gosta de você, tem que estar disposto a ser sincero. Tem que reconhecer que, ainda que não goste de algo que você diga ou faça, esse alguém ainda vai apreciar sua companhia.

É impossível deixar todos ao seu redor felizes. Talvez seu sogro lhe peça ajuda em um projeto. Mas, se você for ajudá-lo, sua mulher vai ficar chateada porque vocês já tinham planejado almoçar juntos. Quando se vê diante de uma decisão assim, quem procura agradar todo mundo costuma desagradar a pessoa mais próxima. Sabe que o cônjuge rapidamente vai deixar de se sentir ofendido. Contudo isso deixa as pessoas que você ama mais machucadas e chateadas. Não devíamos fazer o contrário? Não deveríamos nos esforçar para cultivar as relações mais íntimas e especiais?

Você já conheceu alguém que se comporta como um mártir? As tentativas dessas pessoas de agradarem os outros na verdade se tornam um transtorno. Elas estão sempre dizendo coisas como: "Eu tenho que fazer tudo por aqui" ou "Se eu não fizer, ninguém faz". Os mártires correm o risco de se tornarem amargos e ressentidos, porque suas tentativas de fazer os outros felizes normalmente têm o resultado contrário do esperado.

Se você se comporta como um mártir ou tem dificuldade de dizer não por medo de ferir os sentimentos dos outros, não há garantias de que as pessoas vão gostar de você apenas porque tentou agradá-las. Em vez disso, eles podem simplesmente começar a tirar vantagem de você, sem criar uma relação mais profunda com base na confiança e no respeito mútuos.

PESSOAS PREOCUPADAS EM AGRADAR OS OUTROS PERDEM SEUS VALORES DE VISTA

Bronnie Warem, uma enfermeira australiana que passou muitos anos trabalhando com pacientes terminais, cita o desejo de agradar a todos como um dos maiores arrependimentos que ouviu deles em seu leito de morte. No livro *The Top Five Regrets of the Dying* (Os Cinco Maiores Arrependimentos de Quem Está Morrendo), ela conta como pessoas em estado terminal com frequência diziam que queriam ter levado a vida de maneira mais autêntica. Elas gostariam de ter sido mais verdadeiras consigo mesmas, do que terem se vestido, agido e falado de determinada forma para agradar os outros.

Inclusive uma pesquisa publicada no *Journal of Social and Clinical Psychology* mostrou que pessoas que queriam agradar a todos tendiam a comer mais quando pensavam que isso faria os outros ao redor mais felizes. Elas estavam dispostas a sabotar a própria saúde se acreditassem que isto ajudaria outras pessoas na sala, mesmo que não tivessem qualquer evidência de que estas prestassem atenção no que elas comiam.

Essa atitude vai impedi-lo de alcançar seu pleno potencial. Apesar de pessoas assim terem o desejo de ser queridas, em geral elas não querem ser as melhores no que fazem por temerem que isso possa fazer os outros se sentirem mal. Por exemplo, alguém não consegue aquela promoção no trabalho por não se sentir confortável em assumir o crédito pelo que realizou; ou uma mulher abordada por um homem atraente decide não retribuir a conversa porque não quer que sua amiga se sinta mal por ele não ter falado com ela primeiro.

Ao querer agradar os outros antes de todo o resto, você perde seus valores de vista, não importam quais eles sejam. E logo deixa de tentar fazer o que é certo procurando apenas fazer o que deixa os outros felizes. Algo não é a escolha certa só porque é popular.

EVITE TENTAR AGRADAR A TODOS

Dizer sim a tudo se tornara tanto um hábito para Megan que ela se viu concordando com as coisas no automático.

Então a ajudei a desenvolver um mantra que ela pudesse repetir: "Dizer sim aos outros significa dizer não a meu marido e aos meus filhos." Megan sabia que não tinha problema dizer sim a algumas coisas que não fossem afetá-los negativamente. Apenas não podia dizer sim o tempo todo, ou seu humor e sua família iriam sofrer as consequências.

DETERMINE QUEM VOCÊ QUER AGRADAR

Se quer alcançar suas metas, você precisa definir seu caminho, e não apenas fazer o que outros querem que faça. O presidente do Craigslist, Jim Buckmaster, sabe bem da importância disso.

Buckmaster se tornou presidente da companhia em 2000. Enquanto outros websites se capitalizavam com publicidade, o Craigslist não. Na verdade, ele recusou diversas oportunidades de geração de renda. Em vez disso, Buckmaster e sua equipe decidiram manter o site simples, cobrando aos usuários apenas por classificados de tipo muito específico. A maior parte dos classificados gerados por usuários permaneceu um serviço grátis. Na verdade, a empresa nem possuía uma equipe de marketing.

O Craigslist recebeu muitas reações negativas por sua decisão, e Buckmaster foi alvo de várias críticas. Chegou, inclusive, a ser acusado de anticapitalista e "social-anarquista". Mas ele não estava preocupado em agradar os críticos e continuou a dirigir o Craigslist do mesmo jeito que o site sempre operara.

Sua disposição de ir contra a corrente e impedir que o negócio dependesse demais de publicidade provavelmente foi responsável por manter a empresa de pé. O Craigslist sobreviveu à crise das empresas pontocom sem dificuldade e continua a ser um dos websites mais populares do mundo. Estima-se que hoje tenha o valor de pelo menos 5 bilhões de dólares. Ao não se preocupar em agradar todo mundo, Buckmaster conseguiu manter a companhia concentrada em atingir seu propósito e alcançar seu público.

Antes de automaticamente mudar seu comportamento com base no que acha que os outros querem, avalie seus pensamentos e sentimentos. Quando você pensar duas vezes se deve ou não expressar sua opinião, lembre-se destes pontos sobre a tentativa de agradar a todos:

- *Preocupar-se em agradar a todos é perda de tempo.* Você não é capaz de controlar o modo como os outros se sentem, e quanto mais tempo gastar imaginando se eles ficarão felizes, menos tempo terá para pensar no que realmente importa.
- *As pessoas que tentam agradar a todos são facilmente manipuláveis.* Pode-se reconhecer alguém assim a quilômetros de distância. Os manipuladores com frequência usam táticas para se aproveitar das emoções desse tipo de pessoa e controlar seu comportamento. Fique atento a quem diz: "Só estou pedindo a você porque sei que seria o melhor" ou "Odeio ter que lhe pedir isso, mas...".
- *Tudo bem se outras pessoas ficarem chateadas ou decepcionadas.* Não há razão para que as pessoas precisem estar felizes e satisfeitas o tempo inteiro. Todo mundo tem a capacidade de lidar com uma ampla gama de sentimentos, e não é res-

ponsabilidade sua impedi-las de ter sentimentos negativos. Só porque alguém fica com raiva, isso não significa que você fez algo errado.
- *Não se pode agradar todo mundo.* É impossível que todos gostem das mesmas coisas. Algumas pessoas nunca ficarão satisfeitas e não é responsabilidade sua deixá-las felizes.

DEFINA SEUS VALORES

Imagine uma mãe solteira que trabalha em tempo integral em uma fábrica. Um dia, ao acordar seu filho para ir para o colégio, ele diz que não está se sentindo bem. Ela checa sua temperatura e ele está com um pouco de febre. É claro que não pode ir para a escola.

Ela tem que decidir o que fazer. Não tem familiares ou amigos com quem deixar o filho. Poderia ligar para o trabalho e dizer que está doente, mas não receberá pelo dia. Se isso acontecer, vai ficar difícil fazer as compras da semana. Ela também se preocupa porque faltar outro dia poderia colocar em risco seu emprego. Já perdera muitos dias porque o jovem ficara doente.

A mãe então decide deixar o filho sozinho em casa. Sabe que outras pessoas provavelmente não veriam sua escolha com bons olhos, já que ele tem apenas 10 anos. No entanto, seus valores lhe dizem que é o correto a se fazer, dadas as circunstâncias. Não importa como os outros possam julgá-la. Não é que ela valorize mais o emprego do que o filho. Na verdade, a sua família é mais importante do que tudo. No entanto, ela sabe que ir trabalhar é o melhor a fazer pelo bem maior da família.

Quando tiver que encarar decisões na vida, é importante saber quais são seus valores para poder fazer as escolhas certas. Você é capaz de listar seus cinco valores principais sem pensar? A maioria das pessoas não é. Mas se não tem clareza sobre seus valores, como vai saber onde colocar sua energia e tomar as melhores decisões? Dedicar algum tempo a definir seus valores pode ser um exercício muito útil. Os valores mais comuns incluem:

- Filhos
- Relacionamentos
- Parentes
- Crenças religiosas ou espirituais
- Voluntariado ou ajuda aos outros
- Carreira
- Dinheiro
- Cultivar boas amizades
- Cuidar da saúde física
- Ter um propósito na vida
- Lazer
- Agradar as pessoas
- Educação

Escolha os cinco valores que são prioridade para você e os coloque em ordem de importância. Agora pare e pense se está de fato vivendo de acordo com eles. Será que você está colocando energia demais em algo que nem consta na lista?

Em que posição da sua lista está "Agradar as pessoas"? Nunca deveria estar no topo. Olhe sua lista de vez em quando para determinar se sua vida está em equilíbrio.

DÊ UM TEMPO A SI MESMO PARA DECIDIR SE DIZ SIM OU NÃO

No caso de Megan, ela evitava a prima porque sabia que não conseguia negar se ela lhe pedisse um favor. Para resolver isso, desenvolvemos um roteiro. Sempre que alguém lhe pedisse algo, ela deveria responder: "Deixe-me ver e lhe dou um retorno." Isto lhe dava tempo suficiente para pensar se queria mesmo fazer aquilo. Então, poderia estar certa de que, se dissesse sim, é porque de fato era sua vontade, e não apenas uma forma de agradar os outros.

Se dizer sim se tornou automático em sua vida, aprenda a avaliar sua decisão antes de dar uma resposta. Quando alguém lhe pedir alguma coisa, faça a si mesmo as seguintes perguntas antes de responder:

- *Isto é algo que eu quero fazer?* Já acostumada demais a fazer coisas no automático, a maioria das pessoas que se preocupam em agradar a todos nem mesmo sabe o que quer. Dedique um momento para avaliar sua opinião.
- *Do que vou ter que abrir mão para fazer isso?* Ao escolher fazer algo por alguém, você vai ter que abrir mão de alguma coisa. Talvez do tempo com sua família, talvez de algum dinheiro. Antes de tomar uma decisão, avalie o que significa dizer sim.
- *O que vou ganhar fazendo isso?* Talvez isso lhe dê a oportunidade de melhorar seu relacionamento ou talvez seja algo de que você iria gostar. Pense nos benefícios potenciais de dizer sim.
- *Como vou me sentir se fizer o que me pediram?* Você provavelmente vai ficar com raiva ou ressentido? Ou feliz e orgulhoso? Pare um pouco para pensar como deverá se sentir.

Como Megan descobriu, você não precisa arrumar uma desculpa para não fazer alguma coisa. Quando quiser dizer não, pode se utilizar de frases como "Gostaria de poder ajudar, mas não vou conseguir" ou "Desculpe, mas não vai dar". Pode levar tempo e prática para aprender a dizer não se você não está acostumado, mas fica mais fácil a cada vez.

PRATIQUE O COMPORTAMENTO ASSERTIVO

Confrontos não precisam ser ruins nem ameaçadores. Discussões assertivas na verdade podem ser muito saudáveis, e partilhar suas preocupações pode trazer benefícios para as suas relações. Em certo momento, Megan confrontou a prima e lhe disse que sentia que esta havia tirado vantagem dela. A prima pediu desculpas, explicou não ter ideia de que Megan nutria esse sentimento e lhe assegurou que não iria acontecer de novo. Megan assumiu parte da responsabilidade pelos seus sentimentos e comportamentos, já que não tinha dito nada quando lhe pediram que fizesse coisas que não queria. Megan e sua prima conseguiram consertar a relação em vez de permitir que ela se dissolvesse.

Se alguém tirar vantagem de você, reclame e peça as coisas de que precisa. Você não tem que ser exigente ou grosseiro – seja respeitoso e educado. Expresse seus sentimentos e se atenha aos fatos. Use frases com "eu", como "eu estou frustrado porque você sempre está trinta minutos atrasado", em vez de "Você nunca chega na hora".

Trabalho com muitos pais que não conseguem suportar ver seus filhos contrariados. Evitam dizer não a eles porque não querem que os filhos chorem ou os acusem de serem malvados. Sejam seus filhos, um amigo, um colega de trabalho ou mesmo um estranho, às vezes é desconfortável saber que alguém está com raiva de você, se não está acostumado a ser assertivo. Mas com a prática esse desconforto fica mais tolerável e o comportamento assertivo se torna mais natural.

ACEITAR QUE NÃO PODE AGRADAR TODO MUNDO TORNA VOCÊ MAIS FORTE

Mose Gingerich precisou lidar com uma decisão que a maioria de nós nunca imaginou ter que tomar. Ele foi criado em uma comunidade *amish* no Wisconsin, onde passava o dia arando os campos e tirando leite. Mas Mose não estava convencido de que queria continuar vivendo daquele jeito. Em uma comunidade na qual o questionamento é desencorajado, Mose questionava tudo o que tinha aprendido sobre Deus e o modo *amish* de levar a vida.

Passou anos lutando com a ideia de deixar a comunidade. O modo de vida *amish* era tudo o que conhecia. Se fosse embora para sempre, nunca mais poderia ter contato com qualquer um da comunidade, inclusive sua mãe e seus irmãos. Além disso, ir para o "mundo inglês" seria como entrar numa terra estrangeira. Mose nunca tivera a oportunidade de usar conveniências modernas, como computadores ou mesmo eletricidade. Como conseguiria se virar em um mundo exterior sobre o qual pouco sabia?

Entrar em um mundo relativamente desconhecido não era a pior parte. A principal questão era seu medo de ir para o inferno. Sempre tinha sido advertido de que o Deus *amish* era o único e que deixar a comunidade significava deixá-lo. Os anciãos *amish* lhe diziam que não havia esperança para pessoas no mundo exterior. Os indivíduos que deixassem a comunidade e ainda assim tentassem permanecer cristãos estariam apenas brincando com fogo.

Gingerich deixou sua comunidade temporariamente duas vezes, na adolescência e no começo da vida adulta. Viajou pelo país, aprendeu sobre outras culturas *amish* e sentiu um gostinho do mundo exterior. Suas explorações o levaram a desenvolver a própria visão de mundo e de Deus. Por fim, ele decidiu que ela não estava de acordo com as crenças que aprendera. Assim, decidiu partir para sempre.

Mose criou uma vida nova no Missouri, onde passou por diversas aventuras, de abrir o próprio negócio na construção civil a trabalhar em reality shows na TV. Precisou abrir caminho sem qualquer ajuda da família, porque eles e todas as pessoas da comunidade não falavam mais com ele. Hoje Mose aconselha outros jovens ex-*amish* que lutam para se integrar ao "mundo inglês", uma vez que descobriu por si mesmo que arrumar emprego, tirar carteira de motorista e entender normas culturais pode ser difícil sem apoio.

Tive a oportunidade de perguntar a ele como tinha chegado a essa decisão, e ele me contou que confrontou as próprias crenças: "Este mundo é o que fazemos dele e cada um faz o que escolhe. Essas escolhas eram minhas. Resolvi ir embora e apostar tudo no mundo moderno. E todo dia acordo ao lado de minha mulher, perto de minhas duas filhas e de meu enteado, e agradeço a Deus por ter tomado essa decisão."

Se Mose tivesse se preocupado em agradar a todos, ainda estaria vivendo na comunidade *amish*, mesmo sabendo que não era o melhor para ele. Mas ele foi forte o bastante para se afastar de tudo o que aprendera e de todos que conhecera para optar pelo que sabia ser certo para si mesmo. Agora está satisfeito com a vida que construiu e bastante seguro sobre quem é, e assim pode tolerar a desaprovação de toda a sua antiga comunidade.

Suas palavras e seu comportamento têm que estar alinhados com suas crenças, antes que você possa começar a desfrutar uma vida autêntica de verdade. Quando parar de se preocupar em agradar todo mundo e estiver disposto a ser firme o suficiente para viver de acordo com seus próprios valores, você vai notar alguns benefícios:

- *Sua autoconfiança vai aumentar bastante.* Quanto mais você conseguir ver que não tem a obrigação de deixar as pessoas

felizes, mais independência e confiança vai ganhar. Ficará satisfeito com as decisões que tomar, mesmo quando outras pessoas discordarem de seus atos, porque você vai saber que está fazendo a escolha certa.
- *Você vai ter mais tempo e energia para dedicar aos seus objetivos.* Em vez de gastar energia tentando se tornar a pessoa que você pensa que os outros querem que seja, vai ter mais tempo e energia para dedicar-se a si mesmo. Ao canalizar o esforço em direção às suas metas, você terá muito mais chances de ser bem-sucedido.
- *Vai se sentir menos estressado.* Ao estabelecer limites e fronteiras saudáveis, você vai experimentar muito menos estresse e irritação e sentir que tem mais controle sobre sua vida.
- *Vai ser capaz de construir relacionamentos mais saudáveis.* Outras pessoas vão demonstrar mais respeito por você caso se comporte de maneira assertiva. Sua comunicação vai melhorar e você não vai guardar raiva nem ressentimento em relação aos outros.
- *Você vai ter mais força de vontade.* Um interessante estudo publicado em 2008 no *Journal of Experimental Psychology* mostrou que as pessoas têm muito mais força de vontade quando fazem escolhas próprias, e não quando tentam agradar os outros. Se você faz algo apenas para deixar alguém feliz, vai ter dificuldade em alcançar sua meta. No entanto, se estiver convencido de que esta é a escolha certa, ficará motivado a se manter no caminho.

DICAS E ARMADILHAS COMUNS

Deve haver certas áreas de sua vida em que é mais fácil se comportar de acordo com seus valores e outras nas quais você se preocupa um pouco mais em agradar as pessoas. Esteja atento aos sinais de alerta e se esforce para viver não a vida que vai deixar a maioria das pessoas felizes, mas a que esteja alinhada com as suas crenças.

O QUE AJUDA
- Identificar seus valores e se comportar de acordo com eles.
- Estar consciente de suas emoções antes de decidir dizer sim ao pedido de alguém.
- Dizer não quando não quiser fazer alguma coisa.
- Praticar a tolerância a emoções desconfortáveis relacionadas a conflitos e confrontos.
- Comportar-se de maneira assertiva, mesmo quando isso puder não ser bem recebido.

O QUE NÃO AJUDA
- Perder de vista quem você é e quais são seus valores.
- Considerar apenas os sentimentos dos outros sem pensar nas suas emoções.
- Aceitar automaticamente um convite sem considerar se é uma boa escolha ou não.
- Concordar com as pessoas e fazer o que elas pedem para evitar um confronto.
- Ser influenciável ou se recusar a expressar opiniões que possam ir contra o que a maioria das pessoas pensa.

CAPÍTULO 6

NÃO TÊM MEDO DE CORRER RISCOS

Não seja tímido ou melindroso demais no tocante às suas ações. Toda vida é um experimento. Quanto mais experimentos você fizer, melhor.
– RALPH WALDO EMERSON

Dale trabalhara quase trinta anos como professor de carpintaria em um colégio. Embora gostasse do emprego, não era mais tão apaixonado por ele. Sonhava com a flexibilidade, a liberdade e o dinheiro que poderia ganhar se abrisse a própria loja de móveis. Mas quando partilhou a ideia com a esposa, ela revirou os olhos e disse que ele não passava de um sonhador.

Quanto mais pensava nisso, mais Dale acreditava que era provável que ela estivesse certa. Mas não queria continuar dando aula. Em parte por estar cansado disso e, em parte, por se sentir esgotado. Achava que já não ensinava mais tão bem quanto antes, e que não era justo com os estudantes continuar dando aula para sempre.

O sonho de abrir o próprio negócio certamente não era sua primeira grande ideia. Sonhara em morar em um barco. Numa outra fase da vida, quis abrir uma pousada no Havaí. Nunca tinha tentado levar essas ideias adiante porque sempre sentiu que devia se concentrar em sustentar a família. Embora os filhos já tivessem *crescido e ele e a mulher estivessem financeiramente bem, ele chegou à conclusão de que deveria continuar trabalhando no colégio até se aposentar.*

Dale empurrava as aulas com a barriga e lutava contra seu humor oscilante. Sentia-se derrotado e ficou deprimido, algo que nunca tinha acontecido com ele. Foi então que procurou a terapia, ao perceber que havia algo errado, porque pela primeira vez em sua carreira não tinha mais disposição para exercer seu trabalho.

Embora Dale tivesse me contado que concordava com a mulher, que não deveria se aventurar a se tornar um empreendedor, estava claro que, no fundo, ainda considerava a possibilidade. Seu rosto se iluminava à simples menção de abrir o próprio negócio de móveis. Sua linguagem corporal mudava e todo seu humor se transformava.

Discutimos sua experiência com riscos no passado. Ele contou que havia anos tinha investido em imóveis e perdido muito dinheiro. Desde então tinha medo de assumir qualquer risco financeiro. Depois de algumas sessões de terapia, Dale confessou que ainda adoraria abrir seu negócio, mas que ficava aterrorizado com a ideia de abrir mão de um emprego estável. Ele confiava em seus talentos como marceneiro, mas não sabia nada sobre empreendedorismo. Começamos a discutir os passos que poderia dar para aprender algo sobre o assunto. Ele teria prazer em ter aulas sobre negócios na universidade comunitária local, por exemplo. Também disse que ficaria feliz em se associar a um grupo de relações locais de trabalho e buscaria inclusive um mentor para ajudá-lo a dar o primeiro passo. Com algumas ideias na cabeça sobre como ainda poderia manter seu sonho vivo, continuou pesando os prós e os contras de abrir seu negócio.

Dentro de poucas semanas, Dale tomou uma decisão – abriria o negócio em meio período. Planejava começar fazendo móveis à noite e aos fins de semana em sua garagem. Já tinha a maior parte do que precisava para iniciar seu empreendimento, mas precisaria investir um pouco de dinheiro em novos materiais. Em geral, estava confiante de poder começar com um investimento relativamente pequeno. No começo não teria uma loja – venderia pela internet e com anúncios nos jornais. Se houvesse muito interesse, consideraria abrir uma loja mais para a frente, e talvez pudesse enfim largar o emprego de professor.

O humor de Dale apresentou uma melhora visível assim que ele começou a pensar em transformar seu sonho em realidade. Depois de mais algumas sessões de terapia, parecia continuar bem, enquanto trabalhava em direção à sua meta. Marcamos outra sessão no mês seguinte, para checar se seu humor permanecera estável. Quando retornou, ele contou algo muito interessante: não apenas começara o negócio com os móveis como, na verdade, estava gostando como nunca de suas aulas de carpintaria. Disse que a perspectiva de abrir seu próprio negócio pareceu ter inflamado sua paixão pelo magistério de novo. Planejava continuar a fazer móveis durante parte do dia, mas não estava mais convencido a parar de lecionar. Estava feliz de ensinar a seus alunos as coisas novas que vinha aprendendo com o novo empreendimento.

AVERSÃO A CORRER RISCOS

Na vida, enfrentamos muitos riscos – financeiros, físicos, emocionais, sociais, para mencionar apenas alguns –, mas muitas vezes as pessoas evitam assumir os riscos que as ajudariam a alcançar seu pleno potencial porque sentem medo. Alguma destas afirmações se aplica a você?

- Você tem dificuldade de tomar decisões importantes em sua vida.

- Você passa muito tempo sonhando acordado com o que gostaria de fazer, mas não toma nenhuma atitude.
- Às vezes você toma uma decisão por impulso porque pensar sobre ela lhe provoca ansiedade demais.
- Você pensa com frequência que poderia viver mais aventuras e situações estimulantes na vida, mas seus temores o travam.
- Quando pensa em correr algum risco, você geralmente imagina apenas o pior desfecho possível e escolhe não se arriscar.
- Às vezes você permite que outros tomem decisões por você para que não tenha que tomá-las.
- Você baseia suas decisões no medo. Sente-se insatisfeito e tem vontade de mudar, mas decide que não é sensato assumir o risco.
- Você pensa que os resultados em grande parte dependem da sorte.

A falta de conhecimento sobre como calcular riscos intensifica o medo. E temer os riscos muitas vezes nos leva a simplesmente evitá-los. Mas há passos que você pode dar para aumentar sua capacidade de calcular riscos com precisão. Com a prática, sua habilidade de fazer isso vai aumentar.

POR QUE EVITAMOS RISCOS

Quando Dale se imaginou abrindo um negócio, lembrou-se da última vez que assumira um risco financeiro e que isso não tinha sido bom. Seus pensamentos sobre correr riscos outra vez eram bastante negativos. Viu-se falindo, arriscando toda a sua aposentadoria em prol de um negócio que fracassaria. Seus pensamentos negativos levaram ao medo e à ansiedade, que o impediram de agir. Nunca havia lhe ocorrido que ele poderia encontrar meios de diminuir seu risco e aumentar suas chances de sucesso.

EMOÇÕES PREVALECEM SOBRE A LÓGICA

Mesmo quando nossas emoções não têm qualquer embasamento lógico, às vezes permitimos que elas prevaleçam. Em vez de pensarmos no que "poderia ser", nos concentramos no "e se". Mas, ao correr riscos, não precisamos ser imprudentes.

Meu labrador amarelo, Jet, é muito emotivo. O modo como se sente domina por completo seu comportamento. E, por alguma razão, morre de medo de coisas bem estranhas. Por exemplo, ele tem pavor de quase todos os tipos de piso. Adora andar no carpete, mas tente convencê-lo a andar sobre um piso liso... Ele se convenceu de que a maior parte dos pisos é escorregadia e tem medo de cair.

Da mesma forma que pessoas frequentemente controlam sua ansiedade, Jet cria regras para administrar seus temores. Ele é capaz de andar no chão de madeira da sala sem problema, mas não põe as patas nos ladrilhos do corredor. Costumava ficar choramingando por horas porque queria vir ao meu encontro no escritório, mas não se arriscava a pisar no ladrilho. Eu esperava que ele decidisse que me ver valia o risco, mas isso não aconteceu. Por fim, criei um caminho de trapos em que ele pode andar sem ter que pisar no corredor.

Ele também estabelece regras sobre outras casas que visita às vezes. Quando vai à casa da mãe de Lincoln, que também tem ladrilhos, meu labrador vai até a sala andando de costas. Para sua mente canina, aquilo aparentemente faz sentido.

Meu pai tomou conta de Jet uma vez em que viajamos e ele ficou sentando em cima do capacho de boas-vindas do lado de dentro da porta durante todo o fim de semana. Às vezes Jet se recusa a entrar em certos lugares e precisa ser carregado porque não põe as patas no piso. Não é pouca coisa carregar um cão de quase 40 quilos até o consultório do veterinário. De vez em quando levamos nossos próprios trapos para criar um caminho para ele.

O medo de Jet geralmente supera seu desejo de se arriscar a andar em alguns tipos de pisos, mas há uma exceção à regra: se houver ração de gato em jogo, ele não se importa de correr riscos. Meu cão nunca tinha entrado de verdade na cozinha por causa do piso de ladrilhos. Mas quando percebeu que havia uma vasilha de ração de gato sem ninguém por perto, sua animação venceu o medo.

Quase todos os dias, quando pensa que não estamos vendo, Jet coloca devagar uma pata na cozinha. Depois coloca outra e se espicha o quanto pode para dentro do cômodo. A determinada altura, coloca três patas. Com a última ainda no carpete, se estica o possível e às vezes consegue chegar à vasilha com todas as patas seguramente no ladrilho.

Não sei como ele tira conclusões sobre que pisos são "seguros" e quais são "assustadores" apenas olhando para eles. Faz sentido para ele, apesar da falta de lógica.

Embora possa parecer ridículo, os seres humanos com frequência calculam o risco do mesmo jeito. Baseamos nossas decisões em emoções, não na lógica. Presumimos de forma incorreta que existe uma correlação direta entre nosso nível de medo e o tamanho do risco. Mas muitas vezes nossas emoções simplesmente não são racionais. Se soubéssemos como calcular os riscos, saberíamos quais valem a pena e teríamos muito menos medo de assumi-los.

NÃO PENSAMOS SOBRE RISCOS

Para calcular os riscos, precisamos prever a probabilidade de o nosso comportamento resultar em consequências positivas ou negativas e, então, medir o impacto que elas terão. Muitas vezes, assumir riscos provoca tanto medo que decidimos nem pensar nas consequências. E, sem entender os resultados possíveis, acabamos deixando de lado nossos sonhos ou ideias arriscadas.

O risco começa como um processo de pensamento. Caso você esteja pensando em comprar uma casa nova ou decidindo se coloca o cinto de segurança, essa decisão envolve algum nível de risco. Suas ideias sobre o risco vão influenciar o modo como se sente e, no final, determinar seu comportamento. Quando dirige um carro, você decide a que velocidade irá. Há questões de segurança e legais, e você deve equilibrar esses riscos com seu tempo. Quanto mais rápido dirige, menos tempo precisa ficar ao volante, mas dirigir mais rápido também aumenta o risco de se envolver em um acidente e enfrentar as consequências legais disso.

É improvável que você perca muito tempo calculando a que velocidade vai dirigir até o trabalho todo dia. Sua decisão de obedecer a lei ou ultrapassar o limite de velocidade depende muito de sua rotina. Se estiver atrasado algum dia, precisa decidir se vai dirigir mais rápido e arriscar ter problemas físicos e legais ou se vai chegar ao trabalho mais tarde.

A verdade é que a maioria de nós não investe muito tempo calculando qual risco assumir e qual evitar. Em vez disso, baseamos nossas decisões em emoções ou em nossos hábitos. Se parece muito assustador, evitamos o risco. Se ficamos animados com os possíveis benefícios, é mais provável que o ignoremos.

O PROBLEMA DE TEMER O RISCO

Quando todos os filhos de Dale terminaram a faculdade, ele quis fazer coisas mais desafiadoras na vida. Mas, ao pensar em abrir um negócio, sentiu como se fosse pular de um penhasco sem rede de proteção. O que o professor de carpintaria não calculou foi o preço emocional que a falta de coragem para assumir o risco estava lhe cobrando. Não seguir seu sonho estava afetando seu humor porque mudava o modo como pensava sobre si mesmo e a maneira como encarava seu trabalho como professor.

NINGUÉM CHEGA A SER EXTRAORDINÁRIO SEM ASSUMIR RISCOS CALCULADOS

Othmar Ammann era um engenheiro nascido na Suíça que imigrara para os Estados Unidos. Começou como engenheiro-chefe do departamento portuário de Nova York e, após sete anos, foi promovido a diretor de engenharia. Ele tinha um emprego importante.

Mas desde que se conhecia por gente, Ammann sonhava em ser arquiteto. Assim, deixou seu cobiçado emprego e abriu o próprio negócio. Nos anos que se seguiram, contribuiu com algumas das mais impressionantes pontes do país, incluindo a Verrazano-Narrows, a Delaware Memorial e a Walt Whitman. Sua capacidade de projetar e criar estruturas sofisticadas, complicadas e extravagantes lhe rendeu muitos prêmios.

O mais impressionante de tudo foi que Ammann tinha 60 anos quando mudou de carreira. Continuou a criar obras-primas arquitetônicas até os 86. Numa idade em que a maioria das pessoas não quer mais assumir riscos, Ammann escolheu correr um risco calculado que o permitiu transformar seu sonho em realidade. Se assumíssemos apenas riscos que nos deixam confortáveis, provavelmente perderíamos grandes oportunidades. Assumir riscos calculados determina a diferença entre uma vida medíocre e uma vida extraordinária.

A EMOÇÃO ATRAPALHA NA HORA DE TOMARMOS DECISÕES LÓGICAS

Você deve ter um pouco de medo ao atravessar a rua. Isso faz com que se lembre de que precisa olhar para os dois lados para reduzir o risco de ser atingido por um veículo. Se não tivesse medo algum, você se comportaria de forma imprudente.

Mas nossos "medidores de medo" nem sempre são confiáveis. Às vezes o alarme dispara mesmo quando não estamos em perigo. E, quando ficamos com medo, tendemos a nos comportar de acordo, acreditando falsamente que, "se parece assustador, deve ser muito arriscado".

Durante anos fomos advertidos sobre os perigos de tudo, de abelhas assassinas à doença da vaca louca. Parece que com frequência ouvimos estatísticas, pesquisas e advertências sobre tantos perigos que se torna difícil delimitar a extensão do risco que de fato corremos na vida. Pense, por exemplo, nas pesquisas sobre o câncer. Alguns estudos estimam que a doença responde por cerca de uma entre cada quatro mortes. Outros advertem que dentro de alguns anos cerca de metade de nós terá câncer. Esses tipos de estatísticas podem causar alarme, mas às vezes também podem ser enganadores. Uma análise mais cautelosa dos números revela que uma pessoa jovem que mantém um estilo de vida saudável corre um risco relativamente baixo de desenvolver um câncer, em comparação a alguém com sobrepeso e fumante. Mas às vezes é difícil avaliar nosso nível pessoal de risco quando somos bombardeados todo o tempo com essas estatísticas apavorantes.

Fabricantes de produtos de limpeza trabalham arduamente para nos convencer de que precisamos de substâncias químicas poderosas, desinfetante para as mãos e sabonetes antibacterianos para nos protegermos dos micróbios. Artigos e posts na internet nos advertem de que nossas pias têm mais germes do que os assentos de nossos vasos sanitários, com lembretes visuais da rapidez com que bactérias crescem em uma placa de Petri. As pessoas com fobia de germes prestam atenção nesses alertas e tomam precauções drásticas para evitar entrar em contato direto com os microrganismos. Elas desinfetam a casa com substâncias cáusticas, esfregam as mãos várias vezes com produtos antibacterianos e substituem apertos de mão por outros tipos de cumprimentos para reduzir a proliferação de germes. Mas as tentativas de vencer essa guerra podem, na verdade, resultar mais em prejuízos do que em benefícios. Estudos mostram que, ao nos livrarmos dos germes, nossa imunidade fica reduzida. Um estudo do Centro Infantil da Universidade Johns Hopkins descobriu que recém-nascidos expostos a germes, poeira de pelos de animais domésticos e roedores e alergênicos em baratas tinham menor probabilidade de desenvolver asma e alergias. O medo leva muitas pessoas a presumirem de forma errada que os germes representam um risco mais alto do que de fato são, porque na verdade ambientes livres de bactérias podem ser mais ameaçadores à nossa saúde do que os germes.

É importante que estejamos conscientes de nossas emoções durante todo o processo de tomada de decisões. Se estiver triste, é provável que você preveja fracasso e decida evitar o risco. Caso esteja feliz, pode ignorar o risco e seguir em frente. Existem até pesquisas segundo as quais o medo de algo que não tem qualquer relação com o risco pode influenciar sua decisão. Se você estiver estressado com o emprego e pensando em comprar uma casa nova, terá mais chances de ver essa compra como um risco maior do que veria se não estivesse estressado. Muitas vezes não somos bons em separar fatores que influenciam nossos sentimentos e, assim, os consideramos em conjunto.

CALCULE RISCOS E REDUZA O MEDO

Nunca tinha ocorrido a Dale que ele não precisava mergulhar de cabeça em seu negócio. Quando começou a identificar meios de reduzir as chances de quebrar, ficou aliviado e conseguiu pensar mais objetivamente em como transformar seu sonho em realidade. É claro que havia uma chance de nem chegar a recuperar o dinheiro que investira no começo, mas depois de ponderar tudo esse era um risco calculado que estava disposto a assumir.

EQUILIBRE EMOÇÃO E LÓGICA

Não se deixe enganar ao pensar que o seu nível de ansiedade pode ajudá-lo a tomar uma decisão final sobre risco. Seus sentimentos podem não ser confiáveis. Quanto mais emotivo você estiver, menos lógicos serão seus pensamentos. Estimule seu raciocínio acerca do risco que estiver enfrentando para equilibrar sua reação emocional.

Muitas pessoas morrem de medo de viajar de avião. Com frequência, esse temor vem da falta de controle. O piloto está no controle, não os passageiros, e isso nos induz ao medo. Muitos têm tanto medo que escolhem dirigir grandes distâncias para chegar ao destino em vez de voar. Mas essa decisão se baseia tão somente na emoção. A lógica diz que, estatisticamente, as chances de morrer em um acidente de carro são de 1 em 5.000, enquanto as de morrer em um acidente aéreo são de 1 em 11 milhões.

Você não gostaria de saber das chances a seu favor se tiver que correr algum risco, sobretudo se isso envolver seu bem-estar? No entanto, a maioria das pessoas escolhe a opção que vai causar menos ansiedade. Preste atenção nos seus pensamentos sobre assumir riscos e assegure-se de tomar uma decisão com base nos fatos, e não apenas em seus sentimentos.

A maioria das pesquisas mostra que não somos muito bons em calcular riscos com precisão. Muitas de nossas decisões de vida mais importantes têm base na completa irracionalidade:

- *Julgamos incorretamente nosso controle sobre uma determinada situação.* Em geral nos dispomos a correr riscos maiores quando pensamos que temos mais controle. A maior parte das pessoas se sente mais confortável no assento do motorista em um carro, mas o fato de estarem nesse lugar não significa que possam evitar acidentes.
- *Compensamos de forma desproporcional quando existem garantias.* Acabamos nos comportando de maneira mais imprudente quando achamos que temos redes de proteção e, assim, aumentamos nosso risco. As pessoas tendem a dirigir mais rápido quando estão com cinto de segurança. Companhias de seguro descobriram que o aumento de dispositivos de segurança em carros na verdade tem uma correlação com taxas maiores de acidentes.
- *Não reconhecemos a diferença entre habilidade e acaso.* Os cassinos descobriram que, quando as pessoas jogam dados, costumam rolá-los de modo diferente dependendo do número de que precisam para ganhar. Quando querem tirar um número alto, jogam os dados com força. Quando querem um número baixo, jogam-nos com suavidade. É um jogo de sorte, mas as pessoas se comportam como se envolvesse algum tipo de habilidade.
- *Somos influenciados por nossas superstições.* Seja um empre-

sário que usa suas meias da sorte ou alguém que lê o horóscopo antes de sair de casa, as superstições têm um impacto sobre nossa predisposição a assumir riscos. Em média, 10 mil pessoas a menos voam nas sextas-feiras 13 e gatos pretos têm menor probabilidade de adoção em um abrigo nessa data. Pesquisadores mostraram que a maioria das pessoas acha que cruzar os dedos aumenta sua sorte, mas isso na verdade não faz nada para mitigar riscos.

- *Nós nos iludimos facilmente quando a recompensa em potencial é grande.* Mesmo quando as chances estão contra, você provavelmente vai superestimar suas chances de sucesso, como na loteria, por exemplo.
- *A familiaridade nos deixa mais confortáveis.* Quanto mais assumimos riscos, mais tendemos a calcular mal as proporções do risco que estamos realmente correndo. Se você assumir o mesmo risco repetidas vezes, vai deixar de percebê-lo como tal. Se dirigir rápido para o trabalho todo dia, vai subestimar muito o perigo em que se coloca.
- *Colocamos muita fé na capacidade das pessoas de perceber os riscos de forma precisa.* Emoções podem ser contagiosas. Se você está em uma multidão que não reage ao cheiro de fumaça, é provável que não tenha muita noção do perigo. Por outro lado, é bem mais provável que reaja se outros começarem a entrar em pânico.
- *Nossa forma de perceber os riscos pode ser influenciada pela mídia.* Se vive assistindo a noticiários que falam sobre doenças raras, você tem uma probabilidade maior de achar que suas chances de contrair uma doença assim são maiores, ainda que todas as notícias mencionem incidentes isolados. Da mesma forma, matérias sobre desastres naturais ou acontecimentos trágicos podem influenciar você a exagerar o risco de se envolver em uma catástrofe.

MINIMIZE RISCOS, MAXIMIZE SUCESSO

Todos os anos, na cerimônia de formatura em meu colégio, esperava-se que o orador da turma fizesse um discurso. Quando, na metade do meu último ano, descobri que essa pessoa seria eu, meu medo de fazer o discurso foi maior do que o contentamento por ter a média mais alta da turma. Eu era incrivelmente tímida, a ponto de às vezes não falar nada em aula, apesar de conhecer meus colegas desde o jardim de infância. A ideia de ficar de pé em um púlpito e discursar para um auditório lotado era o bastante para fazer meus joelhos tremerem.

Quando fui tentar escrever meu discurso, não consegui colocar as palavras no papel. Estava perturbada pela ideia de ter que dizê-las diante de uma multidão. Mas sabia que precisava fazer alguma coisa porque o tempo estava passando.

Conselhos comuns como "imagine o público em roupas de baixo" ou "pratique lendo o discurso na frente do espelho" não eram suficientes para acalmar meus nervos. Eu estava aterrorizada.

Então dediquei um tempo a descobrir qual era meu maior medo em relação a falar em público. Na verdade, eu temia a rejeição. Ficava imaginando que, quando terminasse o discurso, o público permaneceria em completo silêncio, porque qualquer coisa que eu tivesse acabado de balbuciar era totalmente inaudível ou tão horrível que ninguém bateria palmas. Assim, para mitigar o risco, conversei com meus melhores amigos e eles me ajudaram a criar um plano brilhante.

O plano reduziu meu risco e meu nervosismo o bastante para eu conseguir escrever o discurso. Poucas semanas depois, no dia da formatura, eu estava muito nervosa no púlpito. Minha voz falhava o tempo todo, enquanto eu oferecia seja lá que conselhos alguém de 18 anos podia dar aos seus colegas. Mas consegui concluir. E, quando acabou, meus amigos colocaram nosso plano em prática. Juntos, eles ficaram de pé e aplaudiram como se tivessem acabado de assistir ao melhor show de rock do mundo. E o que acontece quando umas poucas pessoas se levantam para aplaudir? Outros as acompanham. Fui ovacionada pelo público.

Mereci? Talvez sim, talvez não. Até hoje, essa parte não me importa. A questão é que descobri como me livrar de meu maior medo – de que ninguém aplaudisse – e consegui terminar o discurso.

O grau de risco que cada pessoa experimenta em uma dada situação é único. Falar em público é um risco para algumas pessoas, mas para outras não. Faça a si mesmo as seguintes perguntas para calcular seu grau de risco:

- *Quais são os custos potenciais?* Às vezes o custo de assumir um risco é palpável, como o dinheiro que você pode gastar em um investimento, por exemplo. Mas, outras vezes, há custos impalpáveis associados ao risco, como o de ser rejeitado.
- *Quais são os benefícios potenciais?* Considere o possível resultado positivo de assumir um risco. Pense no que aconteceria se tudo desse certo. Você teria ganhos financeiros? Melhores relacionamentos? Uma saúde melhor? É importante que a recompensa seja grande o bastante para ultrapassar os custos potenciais.
- *Como isso vai me ajudar a alcançar minha meta?* É importante examinar seus principais objetivos e analisar qual é o papel do risco ao tentar alcançá-los. Se, por exemplo, você espera ganhar mais dinheiro, leve em consideração esse aspecto ao avaliar os riscos de abrir o próprio negócio.
- *Quais são as alternativas?* Às vezes encaramos os riscos como se tivéssemos apenas duas escolhas – assumi-los ou

desistir por completo. Mas podem existir muitas oportunidades diferentes para ajudá-lo a alcançar suas metas. É importante reconhecer essas alternativas para que você possa tomar uma decisão consciente.

- *Quais seriam as vantagens se o resultado fosse o melhor possível?* Passe algum tempo pensando sobre a recompensa de assumir um risco e qual impacto isso teria em sua vida. Tente desenvolver expectativas realistas sobre como o melhor resultado possível o beneficiaria.
- *Qual é a pior coisa que poderia acontecer e como eu poderia diminuir o risco de que isso ocorra?* Também é importante examinar o pior desfecho possível e então pensar nas providências que você pode tomar para minimizar o risco de isso acontecer. Se, por exemplo, você estiver considerando investir em um negócio, como poderia aumentar suas chances de sucesso?
- *Quais seriam os prejuízos se o pior desfecho possível se tornasse realidade?* Assim como hospitais, cidades e governos têm planos para lidar com desastres, é útil que você crie o seu. Planeje como reagiria diante do pior resultado possível.
- *Esta decisão vai ser importante daqui a cinco anos?* Para manter as coisas em perspectiva, pergunte-se qual será o impacto desse risco em sua vida. Se for um risco pequeno, é provável que você nem se lembre dele daqui a alguns anos. Se for grande, o impacto poderá ser significativo.

Pode ser interessante escrever suas respostas para poder lê-las depois. Esteja disposto a fazer mais pesquisas e adquirir o máximo de informação possível quando não tiver fatos à sua disposição para ajudá-lo a calcular o risco apropriadamente. Tome a melhor decisão com a informação que tiver.

PRATIQUE ASSUMIR RISCOS

Antes de sua morte em 2007, Albert Ellis foi referido pela *Psychology Today* como "o maior psicólogo vivo". Ele ficou famoso por ensinar as pessoas a desafiarem os pensamentos e as crenças derrotistas. O psicólogo não apenas ensinava como também vivia esses princípios.

Quando jovem, Ellis era bastante tímido e tinha medo de falar com mulheres. Temia ser rejeitado e, por isso, evitava convidá-las para sair. No entanto, acabou descobrindo que a rejeição não era a pior coisa do mundo e decidiu encarar seus medos.

Passou a ir ao jardim botânico local uma vez por dia. Sempre que via uma mulher sentada sozinha em um banco, sentava-se ao lado dela. Obrigava-se a puxar papo dentro de um minuto depois de ter se sentado. Naquele mês, encontrou 130 oportunidades de falar com mulheres e, destas, trinta se levantaram e foram embora assim que ele se sentou. Mas, com o restante, ele conversou. Das 100 mulheres que convidou para sair, uma disse sim – no entanto não compareceu ao encontro. Contudo, Ellis não se desesperou. Na verdade, aquilo reforçou a ideia de que ele era capaz de tolerar riscos mesmo que temesse a rejeição.

Ao encarar seus medos, Ellis reconheceu os pensamentos irracionais que o levavam a temer ainda mais correr riscos. Entender como esses pensamentos influenciavam seus sentimentos foi fundamental para que ele mais tarde desenvolvesse novas técnicas de terapia que ajudariam outras pessoas a questionar seus pensamentos irracionais.

Como Ellis, monitore o resultado dos riscos que assume. Anote como se sentiu antes, durante e depois. Pergunte-se o que aprendeu e como pode aplicar esse conhecimento às suas decisões futuras.

ASSUMIR RISCOS CALCULADOS
TORNA VOCÊ MAIS FORTE

Richard Branson, fundador do Virgin Group, baseado no Reino Unido, é conhecido por correr riscos. Afinal de contas, não se consegue possuir 400 empresas sem dar alguns votos de confiança pelo caminho. Mas ele assumiu riscos calculados que certamente valeram a pena.

Quando criança, Branson teve problemas na escola. Tinha dislexia, e isso prejudicou seu desempenho acadêmico. Mas ele não permitiu que essa dificuldade o detivesse. Ainda jovem, já era empreendedor. Aos 15, começou um negócio de criação de pássaros.

Seus empreendimentos logo cresceram e ele se tornou dono de uma gravadora, uma companhia aérea e uma empresa de telefonia celular. Seu império se expandiu e hoje seu patrimônio é estimado em cerca de 5 bilhões de dólares. Embora pudesse ficar sentado curtindo os frutos de seu trabalho, Branson prefere continuar encontrando desafios para si e para seus colaboradores.

"No Virgin, uso duas técnicas para livrar minha equipe da mesma rotina de sempre: bater recordes e fazer apostas", escreveu ele em um artigo na revista *Entrepreneur*. "Aproveitar as oportunidades é a melhor maneira de testar a mim mesmo e a meu grupo, além de provar nossos limites ao mesmo tempo que nos divertirmos." E ele realmente testa os limites. Suas equipes criam produtos que os outros dizem que não vão funcionar. Batem recordes que as pessoas julgam impossíveis. E aceitam desafios que ninguém mais aceita. Mas, em tudo isso, Branson reconhece que os riscos que corre são "julgamentos estratégicos, não apostas às cegas".

O sucesso não vai encontrar você. Você precisa correr atrás dele. Lidar com o desconhecido para assumir riscos cuidadosamente calculados pode ajudar você a realizar seus sonhos e alcançar suas metas.

DICAS E ARMADILHAS COMUNS

Monitore os tipos de risco que você costuma correr e como se sente em relação a eles. Fique atento também às oportunidades que deixa escapar. Isso pode ajudá-lo a se assegurar de que está assumindo os riscos que mais o beneficiam, mesmo que causem algum nível de ansiedade. Lembre-se de que é preciso prática para calcular riscos, mas, à medida que o fizer, você poderá aprender muito e crescer.

O QUE AJUDA

- Tornar-se consciente das suas reações emocionais ao assumir riscos.
- Identificar que tipos de riscos são particularmente desafiadores.
- Reconhecer pensamentos irracionais que influenciam sua tomada de decisão.
- Informar-se sobre os fatos.
- Dedicar algum tempo para calcular cada risco antes de decidir assumi-lo ou não.
- Praticar assumir riscos e monitorar os resultados para poder aprender com cada um deles.

O QUE NÃO AJUDA

- Basear suas decisões sobre risco em seus sentimentos.
- Evitar os tipos de risco que lhe causam mais medo.
- Permitir que pensamentos irracionais influenciem sua predisposição a tentar algo novo.
- Ignorar os fatos ou não se esforçar para aprender mais quando não tiver as informações de que precisa para fazer a melhor escolha.
- Reagir impulsivamente sem dedicar algum tempo a analisar o risco.
- Se recusar a assumir riscos que lhe causem desconforto.

CAPÍTULO 7

NÃO FICAM PRESAS AO PASSADO

*Não curamos o passado ficando presos nele. Curamos
o passado vivendo plenamente no presente.*
— MARIANNE WILLIAMSON

Gloria, 55 anos, era muito trabalhadora e foi aconselhada a procurar terapia depois de dizer a seu médico que estava extremamente estressada. Sua filha de 28 anos tinha acabado de voltar a morar com ela. Desde que saíra de casa aos 18, voltara para a casa da mãe pelo menos uma dúzia de vezes. Em geral encontrava um novo namorado e, em questão de semanas, senão dias, ia morar com ele. Mas nunca dava certo e ela sempre voltava para casa.

A filha de Gloria estava desempregada e não se esforçava para procurar trabalho. Passava os dias assistindo à TV e navegando na internet. Não se dignava a ajudar nas tarefas domésticas nem mesmo limpava o que ela própria tinha sujado. Gloria disse que se sentia como se estivesse oferecendo serviços domésticos e de hotelaria, mas sempre recebia bem a filha quando ela voltava.

Pensava que dar à filha um lugar para morar era o mínimo que podia fazer. Não proporcionara a ela a infância que muito provavelmente merecera e admitia que não tinha sido uma boa mãe. Depois de se divorciar, Gloria tinha namorado diversos homens, e muitos deles não eram bons exemplos. Ela agora entendia que investira muita energia saindo para beber e namorando em vez de ser uma boa mãe, e achava que seus erros eram a razão pela qual a filha estava numa situação tão difícil agora. Desde o início estava claro que Gloria sentia vergonha pelo jeito que se comportara como mãe, o que a levou a mimar a filha agora que ela era adulta. Grande parte do estresse de Gloria vinha da ansiedade em relação ao comportamento imaturo da filha. Ela se preocupava com o futuro dela e queria que ela arrumasse um emprego e fosse independente.

À medida que conversávamos, Gloria ia reconhecendo que sua vergonha e culpa estavam interferindo em sua capacidade de ser uma boa mãe naquele momento. Ela precisava perdoar a si mesma e parar de ficar presa ao passado se quisesse seguir em frente e fazer o que era melhor para a filha. Quando pedi a ela que considerasse a probabilidade de que um dia sua filha simplesmente acordasse e começasse a se comportar de forma responsável, dadas as condições atuais, Gloria admitiu que isso não aconteceria, mas não sabia o que fazer.

Nas semanas seguintes, analisamos como Gloria via o passado. Sempre que refletia sobre a infância da filha, tinha pensamentos como: Sou uma pessoa tão ruim por não ter sempre colocado as necessidades de minha filha em primeiro lugar *ou* É minha culpa que ela tenha tantos problemas. *Examinamos seus pensamentos e, aos poucos, Gloria entendeu como sua autocondenação influenciava o modo como tratava a filha no presente.*

Aos poucos, Gloria começou a aceitar que, embora não fosse a mãe ideal, ficar se punindo por isso hoje não mudaria o passado. Também começou a reconhecer que seu comportamento atual não estava ajudando a consertar as coisas, ao contrário, estava contribuindo para o comportamento autodestrutivo da filha.

Armada com sua nova atitude, Gloria criou algumas regras para a filha e impôs limites. Disse que ela poderia ficar em sua casa apenas se realmente estivesse procurando emprego. Daria a ela algum tempo para se reerguer, mas dentro de dois meses teria que pagar aluguel se quisesse continuar morando lá. De início, a filha ficou chateada com as novas regras da mãe, mas, em alguns dias, começou a procurar emprego.

Em poucas semanas, Gloria entrou no meu consultório para anunciar com orgulho que sua filha tinha arrumado um emprego e, ao contrário dos que tivera antes, este poderia se tornar uma carreira. Disse ter visto enormes mudanças na filha desde que o emprego fora oferecido e que falava muito mais sobre suas aspirações para o futuro. Gloria ainda não tinha se perdoado completamente pelo passado, mas reconhecia que a única coisa pior que ter sido uma mãe ruim por 28 anos seria continuar assim por mais 28.

ESTAGNADO NA HISTÓRIA

Às vezes pessoas se prendem ao que aconteceu há anos, enquanto outras pensam no que aconteceu semana passada. Alguma destas afirmações se aplica a você?

- Você gostaria de poder apertar o botão de rebobinar para poder refazer partes da sua vida.
- Você sofre por causa de grandes arrependimentos sobre seu passado.
- Você passa muito tempo imaginando como a vida teria sido se tivesse escolhido um caminho ligeiramente diferente.
- Às vezes você sente que os melhores dias de sua vida já ficaram para trás.
- Você repassa mentalmente suas memórias o tempo todo, como um filme.
- Às vezes você se imagina dizendo ou fazendo algo diferente no passado para mudar o futuro.
- Você se pune ou se convence de que não merece ser feliz.

- Ao cometer um erro ou passar por um episódio constrangedor, você o repassa repetidas vezes na cabeça.
- Você investe muito tempo pensando em como as coisas "poderiam ter sido" ou "deveriam ter sido".

Apesar de a autorreflexão ser saudável, ficar preso ao passado é autodestrutivo, pois o impede de desfrutar o presente e planejar o futuro. Mas você pode escolher viver o momento.

POR QUE FICAMOS PRESOS AO PASSADO

A filha de Gloria sempre a manipulava, aproveitando-se da culpa que ela sentia, lembrando-lhe de que não estivera presente durante a sua infância – o que apenas alimentava o remorso da mãe. Se a filha ainda não a tinha perdoado, como Gloria poderia se perdoar? Aceitava seus sentimentos de culpa constantes como parte da penitência pelos erros que cometera e, como consequência disso, continuava presa ao passado.

A culpa constante, a vergonha e a raiva são apenas alguns dos sentimentos que podem mantê-lo estagnado no passado. Você pode imaginar: *Se eu ficar muito triste por tempo suficiente, no fim serei capaz de me perdoar*. Você pode nem se dar conta de que, no fundo, não acredita que mereça ser feliz.

O MEDO DE SEGUIR EM FRENTE NOS MANTÉM PRESOS AO PASSADO

Duas semanas depois de minha mãe morrer, a casa de meu pai pegou fogo. O fogo ficou restrito ao porão, mas a fumaça e a fuligem se espalharam pela casa. Tudo teve que ser limpo, de alto a baixo, por uma equipe contratada pela companhia de seguros.

Todos os pertences da minha mãe foram manipulados por totais desconhecidos. E isso me incomodou.

Eu queria que as coisas permanecessem do jeito que minha mãe as deixara. Queria que suas roupas ficassem penduradas no closet da forma que ela as havia arrumado, que seus enfeites de Natal ficassem nas caixas como tinha organizado. Queria um dia, bem mais para a frente, abrir sua caixa de joias para ver como elas estavam arrumadas. Em vez disso, tudo foi trocado de lugar. Suas roupas já não tinham mais seu cheiro. Não havia nem como saber qual foi o último livro que ela estava lendo. Nunca seríamos capazes de lidar com suas coisas em nosso próprio ritmo.

Alguns anos depois, quando Lincoln morreu, mais uma vez eu quis que as coisas ficassem congeladas no tempo. Senti que, se tivesse estudado o jeito como ele pendurava as coisas no armário ou se pudesse imaginar em qual ordem leria seus livros, conseguiria descobrir mais sobre ele, mesmo que ele tivesse partido. Achei que se mexessem nas coisas, se as jogassem fora ou as reorganizassem, eu perderia a oportunidade de encontrar pistas valiosas que me dariam uma compreensão maior e mais informações sobre ele.

Era como se eu pudesse mantê-lo comigo se assegurasse que sempre haveria mais coisas a descobrir. Talvez um bilhete ou uma foto que nunca tivesse visto antes. Queria criar novas memórias que incluíssem Lincoln de alguma forma, mesmo que ele não estivesse ali. Tínhamos ficado juntos por seis anos, mas esse tempo simplesmente não era o bastante. Eu não estava disposta a abrir mão de nada que me lembrasse dele. Pensei que o estaria abandonando se precisasse me desfazer de seus pertences, e não queria isso.

Minhas tentativas de manter tudo congelado no tempo não funcionaram. Obviamente, o resto do mundo seguiu em frente. E, depois de muitos meses, fui capaz de começar a deixar de lado meu desejo de manter tudo como se estivesse em uma cápsula do tempo. Aos poucos, eu me convencia de que não havia problema em jogar fora algo com a letra de Lincoln. E comecei a me livrar das revistas que continuava a receber pelo correio. Mas, tenho que admitir, levou dois anos para eu finalmente jogar fora sua escova de dentes. Sabia que ela não era mais necessária, mas de alguma forma jogá-la fora parecia uma traição. Era mais confortável ficar presa ao passado com Lincoln, porque lá minhas memórias dele permaneciam vivas. Mas não era saudável nem útil ficar estagnada ali, enquanto o resto do mundo mudava e seguia adiante. Precisava confiar que seguir em frente não me levaria a esquecer qualquer uma de minhas lembranças maravilhosas.

Como terapeuta, ajudo as pessoas a trabalharem com seu pensamento racional, mas a tristeza me trouxe muitos pensamentos irracionais e me levou a querer ficar vivendo no passado. Porém, se eu ficasse o tempo todo olhando para trás, nunca seria capaz de criar novas memórias felizes.

FICAR PRESO AO PASSADO O DISTRAI DO PRESENTE

Não são apenas acontecimentos tristes ou trágicos que deixam as pessoas focadas no passado. Às vezes ficamos presos ao passado como uma forma de nos distrairmos do presente. Talvez você conheça aquele ex-atleta da faculdade que aos 40 anos ainda se espreme dentro do uniforme e fala sobre seus "velhos dias de glória". Ou talvez seja amigo daquela mãe de 35 anos que ainda tem como uma de suas maiores conquistas ter sido "rainha do baile de formatura". Muitas vezes romantizamos o passado como um meio de fugir dos problemas do presente.

Se, por exemplo, você não estiver feliz com seu relacionamento atual ou se não tem um, pode ser tentador ficar pensando muito tempo em um amor passado. Talvez você deseje que seu último relacionamento tivesse dado certo ou pense que, se tivesse casado com sua namorada do colégio, estaria melhor.

É tentador se fixar em como sua vida era mais fácil e feliz "naquela época". Você pode até mesmo começar a se arrepender de algumas decisões que o transformaram em quem é hoje e dizer coisas como "se tivesse casado com meu antigo namorado, ainda estaria feliz" ou "se não tivesse largado a faculdade, teria o emprego dos meus sonhos" ou ainda "se eu não tivesse concordado em me mudar para uma cidade nova, ainda teria uma vida boa". A verdade é que não sabemos o que a vida teria nos reservado se não tivéssemos feito aquelas escolhas. Mas é fácil imaginar que a vida poderia ser melhor se tivéssemos o poder de mudar o que aconteceu.

O PROBLEMA DE SE PRENDER AO PASSADO

Gloria não conseguia enxergar a filha como uma adulta capaz. Tudo o que podia ver eram seus próprios erros. Sua culpa a impedia de se concentrar no presente e, como resultado, acabava estimulando o comportamento irresponsável da filha. Infelizmente, ela estava repetindo muitos erros que Gloria cometera. Ficar presa ao passado não só impedia Gloria de alcançar seu pleno potencial, como também atrapalhava o processo de amadurecimento de sua filha e não contribuía para ela se tornar uma adulta responsável.

Ruminar sobre o passado não vai mudá-lo. Em vez disso, perder seu tempo pensando no que já aconteceu apenas o levará a ter mais problemas no futuro. Eis como permanecer no passado pode interferir na capacidade de dar o melhor de si:

- *Você perde o presente.* Você não pode desfrutar o presente se sua mente estiver constantemente atrelada ao passado. Vai

perder a chance de agarrar novas oportunidades e comemorar as alegrias de hoje se estiver sempre se deixando distrair pelas coisas que já aconteceram.
- *Fica impossível se preparar de forma adequada para o futuro.* Você não vai conseguir definir claramente suas metas ou encontrar motivação para promover mudanças se grande parte de você permanece presa ao passado.
- *Sua capacidade de tomar decisões fica prejudicada.* Se você tiver questões mal resolvidas do passado, elas vão nublar seu pensamento. Você não será capaz de tomar decisões saudáveis sobre o que é melhor para você hoje se não conseguir superar o que aconteceu ontem.
- *Seus problemas não vão se resolver.* Repetir os mesmos roteiros em sua cabeça e se concentrar nas coisas sobre as quais não tem mais controle não vai resolver nada.
- *Você abre as portas para a depressão.* Ruminar sobre acontecimentos negativos invoca emoções negativas. E, quando você fica triste, a probabilidade de evocar memórias ainda mais tristes aumenta. Ficar preso ao passado pode ser um círculo vicioso que mantém você estagnado no mesmo estado emocional.
- *Romantizar o passado não ajuda.* É fácil se convencer de que você era mais feliz, confiante e completamente despreocupado tempos atrás. Mas há uma grande possibilidade de você estar exagerando. Pode ser também que esteja supervalorizando os problemas que precisa enfrentar no presente.
- *Você prejudica sua saúde física.* Pensar constantemente em acontecimentos negativos aumenta as inflamações em seu corpo, de acordo com estudo feito em 2013 pela Universidade de Ohio. Ficar preso ao passado pode aumentar seu risco de desenvolver cardiopatias, câncer e demência.

NÃO DEIXE O PASSADO PRENDER VOCÊ

O pensamento de Gloria mudou quando ela reconheceu que podia aprender com o passado, em vez de ficar apenas se punindo por causa dele. Ela começou a mudar seu comportamento e o modo como cuidava da filha. Isso a ajudou a reconhecer como seus erros do passado haviam lhe ensinado lições valiosas sobre como educar um filho. Poucos meses depois, ela já era capaz de se lembrar de alguns erros do passado sem experimentar uma vergonha esmagadora.

MUDE SEU PENSAMENTO

Ficar preso ao passado começa como um processo cognitivo, mas acaba influenciando suas emoções e seu comportamento. Você pode seguir em frente se mudar o modo como pensa sobre o que passou.

- *Reserve algum tempo para pensar sobre o passado.* Às vezes seu cérebro precisa ter a chance de digerir as coisas, e quanto mais você diz a si mesmo para não pensar sobre o assunto, mais memórias podem brotar durante o dia. Em vez de lutar para suprimir as memórias, lembre-se: *Eu posso pensar nisso hoje depois do jantar.* Então, após o jantar, dedique vinte minutos a isso. Quando o tempo acabar, vá fazer outra coisa.
- *Dê a si mesmo algo diferente em que pensar.* Crie um plano que o ajude a pensar em outra coisa. Decida, por exemplo, que sempre que pensar na vaga de emprego que não conseguiu, vai mudar o foco para o planejamento de suas próximas férias. Isso pode ser especialmente útil se você tende a ficar preso a pensamentos negativos antes de dormir.

- *Estabeleça metas para o futuro.* É impossível ficar preso ao passado quando se está planejando o futuro. Estabeleça metas tanto de curto quanto de longo prazo e comece a trabalhar nos passos necessários para alcançá-las. Isso vai lhe dar algo que o obrigará a olhar para a frente e ao mesmo tempo impedir que gaste muito tempo pensando no passado.

Nossas memórias não são tão precisas quanto pensamos. Muitas vezes, quando nos lembramos de acontecimentos desagradáveis, os exageramos e os transformamos em catástrofes. Se pensar sobre algo que disse em uma reunião e de que se arrependeu, pode imaginar que as outras pessoas reagiram de um jeito muito mais negativo do que na verdade o fizeram. Quando se lembrar de memórias ruins, tente estas estratégias para manter suas experiências em perspectiva:

- *Concentre-se nas lições que aprendeu.* Se você superou tempos difíceis, concentre-se no que aprendeu com a experiência. Aceite o que aconteceu e pense em como pode se tornar uma pessoa melhor por causa disso, mas perceba que não tem que ser necessariamente algo ruim. Talvez você tenha aprendido a se defender depois de haver permitido que o tratassem mal, ou talvez tenha aprendido que precisa ser sincero se quiser que seus relacionamentos durem. Algumas das melhores lições da vida podem ser aprendidas quando avaliamos os tempos difíceis por que passamos.
- *Atenha-se aos fatos, não às emoções.* Pensar em acontecimentos negativos pode ser muito angustiante, porque é provável que você se concentre em como se sentiu. Mas se você se lembrar de um acontecimento examinando os fatos e detalhes da memória, sua angústia diminui. Em vez de ficar pensando em como se sentiu quando foi a um funeral,

relembre detalhes como onde você se sentou, o que vestiu e quem estava lá. É menos provável que você fique preso a um evento se começar a remover as emoções que o cercam.
- *Olhe para a situação de um jeito diferente.* Quando for analisar seu passado, descubra se há outras maneiras de enxergar a mesma situação. Você pode tecer sua própria história. O mesmo fato pode ser contado de várias formas e ainda ser verdadeiro. Se sua versão atual for perturbadora, veja de que outro jeito pode olhá-la. Gloria, por exemplo, poderia ter lembrado a si mesma de que nem todas as escolhas atuais de sua filha estavam relacionadas à sua infância. Deveria ter reconhecido que, embora possa ter cometido alguns erros, não era responsável pelas escolhas que a filha estava fazendo agora.

FAÇA AS PAZES COM O PASSADO

Quando James Barrie tinha 6 anos, seu irmão de 13, David, morreu em um acidente de patinação no gelo. Sua mãe tinha dez filhos no total, mas não era segredo que David era seu favorito. Depois da morte do jovem, ela ficou tão perturbada que mal conseguia seguir em frente.

Assim, aos 6 anos, Barrie fez tudo o que pôde para compensar a tristeza da mãe. Tentou até assumir o papel de David para ajudar a preencher o vazio que ele deixou. Usava as roupas de David e aprendeu a assobiar do mesmo jeito que ele. Tornou-se companheiro constante dela e devotou toda a sua infância a tentar fazer a mãe sorrir de novo.

Apesar dos esforços de Barrie para deixar sua mãe feliz, ela sempre o advertia sobre as dificuldades de ser adulto. Dizia a ele que nunca crescesse, porque adultos eram tomados apenas por tristeza e infelicidade. Chegou a dizer que sentia algum alívio sabendo que David nunca ia crescer e encarar a realidade de ser adulto.

Barrie resistiu o quanto pôde para agradar a mãe e se recusava a amadurecer. Ele especificamente não queria ficar mais velho do que David. Tentou com todas as forças permanecer criança. Suas tentativas de continuar sendo um menino pareceram até deter seu crescimento físico, porque ele chegou a pouco mais do que 1,5 metro de altura.

Depois de terminar a escola, Barrie quis se tornar escritor, mas sua família o pressionou a ir para a faculdade, porque era isso que David teria feito. Assim, Barrie achou uma solução que agradasse a todos: continuaria a estudar, mas ingressaria no curso de literatura.

Barrie terminou por escrever um dos mais famosos livros da literatura infantil, *Peter Pan, ou o menino que não queria crescer*. Originalmente escrito como uma peça de teatro que mais tarde se tornou um filme celebrado, nele Peter Pan enfrenta o conflito entre a inocência da infância e a responsabilidade de ser adulto. Peter decide continuar criança e encoraja todas as outras a fazer o mesmo. Como um lendário conto de fadas, parece uma deliciosa história infantil, mas quando se conhece a história do autor, é algo bastante trágico.

A mãe de Barrie não conseguiu seguir em frente depois da morte do filho. Estava convencida de que a infância tinha sido a melhor época da sua vida e que presente e futuro eram repletos de dor e agonia. Como um caso extremo de alguém que ficou preso ao passado, ela permitiu que isso interferisse até mesmo no bem-estar de seus filhos, afetando não apenas a infância de Barrie, mas toda a sua vida adulta.

As concepções equivocadas sobre a tristeza também podem contribuir para o nosso desejo de viver no passado. Muitas pessoas acreditam que o tempo que passa chorando por alguém é diretamente proporcional a quanto amor você tinha por ele. Caso se importasse um pouco com alguém que morresse, você poderia lamentar por meses. Mas se de fato amasse essa pessoa, a dor duraria anos ou talvez o resto da vida. Na verdade, pode-se sofrer durante anos ou para sempre, mas a quantidade de tristeza que você sente não tem qualquer correlação com o amor que sentia por aquela pessoa.

É provável que você tenha muitas memórias valiosas de seu ente querido. Mas é preciso seguir em frente e trabalhar ativamente para criar novas memórias, tomar as melhores decisões e nem sempre fazer o que os outros esperam que você faça.

E caso se encontre ruminando sobre algum aspecto de seu passado, você pode procurar fazer as pazes com ele. Eis alguns modos de fazer isso:

- *Dê a si mesmo permissão para seguir em frente.* Às vezes, você precisa apenas disso. Prosseguir não quer dizer que você tenha que deixar as memórias de seu ente querido para trás, mas sim que pode tomar as atitudes necessárias para desfrutar o presente e aproveitar o melhor que a vida tem a oferecer.
- *Reconheça o preço emocional que vai pagar por viver no passado em vez de seguir adiante.* De vez em quando, ficar preso ao passado é uma estratégia que funciona apenas a curto prazo. Quando fica pensando no passado, você não se concentra no que está acontecendo no presente. Isso, a longo prazo, gera consequências. Reconheça as coisas que vai perder se sua atenção estiver voltada para o passado.
- *Pratique o perdão.* O perdão pode ajudá-lo a se livrar de mágoas ocasionadas por algo que aconteceu no passado porque não consegue se perdoar ou perdoar alguém. Praticar o perdão não significa esquecer. Se, por exemplo, alguém o magoou, você pode perdoar essa pessoa e, ao mesmo tempo, decidir que não quer manter mais contato com ela. Concen-

tre-se em se libertar para não ser consumido pela mágoa e pelo ressentimento.
- *Mude o comportamento que o mantém preso ao passado.* Se você se flagrar evitando certas atividades porque tem medo de que possam despertar más lembranças ou porque sente que não merece realizá-las, pense em fazê-las de qualquer maneira. Não se pode mudar o passado, mas você pode escolher aceitá-lo. Se cometeu erros, não pode voltar atrás para consertá-los ou apagá-los. Pode até ser que você consiga tentar e dar alguns passos para reparar parte do dano que causou, mas isso não vai tornar tudo diferente.
- *Se necessário, procure ajuda profissional.* Às vezes os acontecimentos traumáticos podem levar a problemas de saúde mental, como o transtorno de estresse pós-traumático. Experiências de quase morte, por exemplo, levam a recordações e pesadelos que tornam difícil fazer as pazes com o passado. A ajuda profissional reduz o estresse associado às memórias traumáticas para que você possa seguir adiante de um jeito mais produtivo.

FAZER AS PAZES COM O PASSADO TORNA VOCÊ MAIS FORTE

Wynona Ward cresceu na região rural de Vermont, no interior dos Estados Unidos. Sua família era pobre e, assim como em muitas casas da região, a violência doméstica era algo comum. Ela sofria constante abuso físico e sexual por parte do pai. Muitas vezes o via batendo em sua mãe. Ninguém interferia, embora os médicos tratassem os ferimentos de sua mãe e os vizinhos ouvissem seus gritos.

Ward manteve os problemas familiares em segredo. Mergulhou nos estudos acadêmicos e teve um desempenho excelente na escola. Aos 17 anos, saiu de casa e se casou. Ela e seu marido se tornaram motoristas de caminhão.

Depois de dezesseis anos viajando pelo país nessa função, Ward descobriu que seu irmão mais velho tinha abusado de um membro mais jovem da família. Foi naquele momento que decidiu que tinha que fazer algo a respeito. Resolveu retomar os estudos para que pudesse ajudar a pôr um fim ao abuso que acontecia em sua família por gerações.

Wynona se matriculou na Universidade de Vermont e estudava no caminhão enquanto o marido dirigia. Conseguiu o diploma e entrou na faculdade de direito da universidade. Depois disso, usou um pequeno financiamento para começar a Have Justice Will Travel, uma organização que ajuda famílias afetadas pela violência doméstica nas áreas rurais.

Ward oferece representação legal sem custo às vítimas de violência doméstica na área rural. Ela também as encaminha aos serviços sociais apropriados. Como muitas famílias não têm recursos ou transporte para ir a um escritório, Ward viaja por elas. Oferece educação e serviços para ajudar famílias a colocar um ponto-final nos ciclos de abuso que já duram gerações. Em vez de ficar presa em seu passado terrível, Wynona Ward escolheu se concentrar no que podia fazer para ajudar os outros no presente.

Recusar-se a ficar preso ao passado não significa fingir que ele não aconteceu. Na verdade, com frequência significa admitir e aceitar suas experiências para pode viver o presente. Fazer isso libera sua energia mental e lhe permite planejar o futuro com base em quem você se tornou, e não na pessoa que costumava ser. Se você não tomar cuidado, a raiva, a vergonha e a culpa podem dominar sua vida. Ao abrir mão dessas emoções, você pode voltar a ter controle sobre sua vida.

DICAS E ARMADILHAS COMUNS

Não dá para prestar atenção no para-brisa se você passa o tempo todo olhando pelo retrovisor. Ficar preso ao passado o impede de desfrutar o presente e planejar o futuro. Reconheça quando estiver estagnado no passado e adote os passos necessários para curar suas emoções e seguir em frente.

O QUE AJUDA

- Refletir sobre o passado de forma a aprender com ele.
- Seguir em frente com sua vida, mesmo que isso seja doloroso.
- Trabalhar ativamente para superar a tristeza, conseguir se concentrar no presente e planejar o futuro.
- Pensar sobre os acontecimentos negativos dando ênfase aos fatos, e não às suas emoções.
- Encontrar meios de fazer as pazes com o passado.

O QUE NÃO AJUDA

- Tentar fingir que o passado não aconteceu.
- Tentar impedir sua vida de seguir em frente.
- Concentrar-se no que você perdeu na vida, sem conseguir viver no presente.
- Ficar repassando acontecimentos dolorosos repetidas vezes em sua cabeça e se concentrar nas emoções provocadas por eles.
- Tentar desfazer ou corrigir os erros do passado.

CAPÍTULO 8

NÃO COMETEM O MESMO ERRO VÁRIAS VEZES

*O único erro real é aquele com o qual
nada aprendemos.*
– JOHN POWELL

Ao entrar no consultório, a primeira coisa que Kristy me disse foi: "Tenho um diploma universitário e sou inteligente o bastante para não gritar com meus colegas de trabalho. Por que não consigo parar de gritar com meus filhos?" Todas as manhãs, ela fazia a si mesma a promessa de que não gritaria com os dois filhos adolescentes. Mas quase toda noite ela se via levantando a voz com pelo menos um deles.

Ela me contou que se sentia frustrada quando as crianças não lhe davam ouvidos. E, nos últimos tempos, parecia que nunca ouviam. Sua filha de 13 anos se recusava a fazer as tarefas domésticas e seu menino de 15 não se esforçava com o dever de casa. Sempre que chegava em casa e os encontrava vendo TV e jogando videogame, Kristy os mandava cumprir suas tarefas, mas eles com frequência respondiam a ela, que acabava aos gritos.

Kristy sabia muito bem que gritar com os filhos não era bom para eles. Reconhecia que isso apenas piorava a situação. Tinha orgulho de ser uma mulher inteligente e bem-sucedida, mas ficava surpresa por ter que lutar para manter esse aspecto de sua vida sob controle.

Ela passou algumas sessões examinando por que continuava cometendo os mesmos erros várias vezes. Descobriu que de fato não sabia disciplinar os filhos sem gritar e não conseguiria parar de fazê-lo enquanto não tivesse um plano alternativo. Assim, traçou diversas estratégias que poderia usar para responder ao comportamento desrespeitoso e desafiador deles. Decidiu que faria primeiro uma advertência e depois lhes aplicaria uma punição caso não fizessem o que ela tinha pedido.

Ela também precisava aprender a reconhecer quando estava ficando com raiva, para poder se afastar da situação antes de começar a gritar. O problema parecia ser que, quando perdia a paciência, seus pensamentos racionais sobre disciplina iam por água abaixo.

Trabalhei mais a fundo com Kristy para ajudá-la a encontrar um jeito novo de encarar a disciplina. Quando veio a mim pela primeira vez, ela admitiu pensar que era responsabilidade sua garantir que os filhos agissem como ela estava mandando a qualquer custo, porque, se não o fizessem, isso mostrava que eles tinham ganhado. Mas esse método sempre fracassava. Então ela desenvolveu uma nova abordagem da disciplina ao deixar de lado a ideia de que tinha que vencer uma disputa de poder. Se os filhos se recusassem a seguir suas ordens, ela retirava seus aparelhos eletrônicos sem argumentar nem tentar forçá-los a se comportar.

Demorou um pouco para ela aprender a mudar suas estratégias como mãe. Havia momentos em que ainda se via gritando, mas agora ela tinha estratégias alternativas à sua disposição. Cada vez que se via recaindo, podia reconsiderar o que a provocara e identificar estratégias para evitar erguer a voz da próxima vez.

OS ERROS REPETIDOS

Embora gostemos de pensar que aprendemos com nossos erros na primeira vez que os cometemos, a verdade é que todo mundo os repete de vez em quando. Isso é apenas parte de ser humano. Os erros podem ser comportamentais – como chegar tarde ao trabalho – ou cognitivos. Erros de pensamento incluem sempre presumir que as pessoas não gostam de você ou nunca planejar à frente. Embora alguém possa dizer "da próxima vez não tirarei conclusões precipitadas", podemos repetir o mesmo erro se não tomarmos muito cuidado. Alguma destas afirmações se aplica a você?

- Você com frequência se vê encalhado no mesmo ponto quando tenta alcançar alguma meta.
- Quando encontra um obstáculo, você não investe muito tempo examinando novos modos de superá-lo.
- Você acha difícil abrir mão de seus maus hábitos porque fica voltando a eles.
- Você não investe muito tempo analisando por que suas tentativas de alcançar suas metas não são bem-sucedidas.
- Fica louco consigo mesmo porque não consegue se livrar de alguns dos seus maus hábitos.
- Você às vezes diz coisas como "Nunca vou fazer isso de novo" apenas para se flagrar fazendo as mesmas coisas que disse que não faria.
- Às vezes parece ser um grande esforço aprender novos modos de fazer as coisas.
- Com frequência você fica frustrado por sua falta de autodisciplina.
- Sua motivação de fazer as coisas de modo diferente desaparece assim que você começa a se sentir desconfortável ou irritado.

Alguma ou várias dessas afirmações se aplicam a você? Às vezes não aprendemos de primeira, mas há sempre atitudes que podemos adotar para evitar repetir os erros prejudiciais que nos impedem de alcançar nossas metas.

POR QUE COMETEMOS OS MESMOS ERROS

Apesar de sua frustração, Kristy nunca tinha parado para descobrir por que gritava ou quais alternativas podiam ser mais eficientes. No começo, ela hesitou em seguir com um novo plano de disciplina, porque estava com medo de que, ao suspender os privilégios, apenas deixaria os filhos mais irados e isso levaria a um comportamento ainda mais desrespeitoso. Ela tinha que ganhar confiança em sua capacidade como mãe antes de conseguir parar de cometer os mesmos erros.

Se alguém diz "Nunca vou fazer isso de novo", por que continuaria fazendo seguidas vezes? A verdade é que nosso comportamento é complicado.

Por um longo tempo, muitos professores mantiveram a crença comum de que, se uma criança pudesse deduzir uma resposta incorretamente, ela correria o risco de memorizar a resposta errada por acidente. Se, por exemplo, dissesse que $4 + 4 = 6$, ela sempre lembraria de 6 como a resposta certa, mesmo depois de ter sido corrigida. Para impedir isso, os professores davam às crianças a resposta certa antes de elas tentarem fazer uma estimativa correta.

Pulemos para 2012. Um estudo publicado no *Journal of Experimental Psychology* mostrou que os participantes do estudo aprendiam com seus erros do passado se tivessem a chance de conhecer a informação correta. Na verdade, os pesquisadores descobriram que, quando crianças pensavam em respostas potenciais – mesmo que estivessem erradas –, suas taxas de retenção das respostas corretas melhorariam quando seus erros fossem corrigidos. Crianças, assim como adultos, são capazes de aprender com seus erros quando têm essa oportunidade.

Apesar do fato de que agora temos um estudo mostrando que podemos aprender com nossos erros, é difícil desaprender por completo o que nos ensinaram quando éramos mais jovens.

Durante seu desenvolvimento, você pode ter aprendido que é melhor esconder seus erros do que encarar as consequências. E a escola não é o único lugar onde construímos nosso modo de lidar com erros. Celebridades, políticos e atletas são comumente retratados na mídia tentando encobrir suas falhas. Mentem e não admitem que fizeram algo errado mesmo quando há evidências do contrário. E, quando negamos nossos erros, a probabilidade de examiná-los e tirar deles qualquer ensinamento diminui, tornando-nos mais suscetíveis a repeti-los no futuro.

A teimosia é um fator muito presente naqueles que costumam repetir seus erros. Uma pessoa que faz um mal investimento pode dizer: "Bem, eu já investi tanto nisso agora que posso muito bem continuar." Em vez de perder pouco dinheiro, prefere continuar arriscando porque é teimoso demais para parar. Alguém em um emprego que despreza pode dizer: "Devotei dez anos de minha vida a esta companhia. Não vou querer sair agora." Mas a única coisa pior do que investir dez anos em algo prejudicial e improdutivo é investir qualquer dia a mais.

A impulsividade é outra razão pela qual as pessoas repetem seus erros. Embora faça sentido "levantar, sacudir a poeira e dar a volta por cima", é mais inteligente descobrir primeiro por que você caiu antes de tentar de novo.

Você se sente preso, sempre repetindo seus erros? Pode ser que isso tenha se tornado algo muito confortável. Uma mulher pode entrar em uma série de relacionamentos ruins porque só sabe fazer assim. Pode continuar a sair com homens do mesmo círculo social com problemas semelhantes por não ter a confiança para procurar oportunidades melhores em outro lugar. Da mesma forma, um homem pode continuar recorrendo ao álcool porque não sabe lidar com seus problemas sóbrio. Evitar esses erros e fazer algo diferente provocaria certa medida de desconforto.

E há aqueles que se sentem tão desconfortáveis com o sucesso que boicotam os próprios esforços. Quando as coisas estão bem, ficam ansiosos, esperando que dê tudo errado. E para aliviar essa ansiedade recorrem a seu velho comportamento autodestrutivo e repetem os mesmos erros de antes.

O PROBLEMA EM REPETIR NOSSOS ERROS

Kristy reconhecia que gritar com os filhos todo dia de nada adiantava. Não estava ensinando a eles como resolver problemas de forma eficiente e eles estavam aprendendo que gritar era um comportamento aceitável. Quanto mais gritava com eles, mais eles gritavam de volta. Você já viu um cão correndo atrás do próprio rabo em círculos? É assim que você se sente quando repete seus erros. Você se cansa e mesmo assim não chega a lugar algum.

Julie veio me procurar porque estava furiosa consigo mesma. Tinha perdido 20 quilos no ano anterior, mas, aos poucos, nos últimos seis meses, ganhara tudo de volta. Não era a primeira vez que isso acontecia. Ela vinha ganhando e perdendo os mesmos 20 quilos havia quase uma década. Estava extremamente frustrada por dedicar tanto tempo e energia em perder peso apenas para recuperá-lo depois.

Cada vez que perdia peso, relaxava um pouco. Permitia-se repetir o jantar ou comemorava com um sorvete. Logo achava uma desculpa para faltar à academia e, antes de se dar conta, estava ganhando peso de novo. Rapidamente ficava com raiva de si mesma e pensava: *Como é que não consigo controlar o que faço com meu próprio corpo?* Julie com certeza não é única. Na verdade, estatisticamente, a maioria das pessoas que perdem peso o recupera. Perder peso é algo difícil. Então, por que alguém passaria pelo sacrifício de emagrecer apenas para engordar outra vez? Muitas vezes, porque começam a repetir os mesmos erros que as levaram a ficar acima do peso pela primeira vez.

Repetir os mesmos erros pode levá-lo a muitos problemas:

- *Você não vai alcançar suas metas.* Seja tentando perder peso pela quinta vez ou parar de fumar pela décima, a meta nunca será alcançada se você repetir os mesmos erros. Em vez disso, você vai ficar estagnado no mesmo ponto e não vai conseguir seguir adiante.
- *O problema não será resolvido.* É um círculo vicioso. Quando você repete um erro, o problema se perpetua e é mais provável que continue fazendo a mesma coisa. Você nunca vai conseguir resolver esse problema até tentar algo diferente.
- *Você vai se enxergar de um jeito diferente.* Você pode começar a se ver como incompetente ou um fracasso completo por não conseguir superar algum obstáculo.
- *Você pode não se esforçar tanto.* Se as primeiras tentativas não foram bem-sucedidas, as suas chances de desistir aumentam. E se você não se esforça tanto, a probabilidade de sucesso diminui.
- *Você pode deixar frustrados aqueles que o veem repetir os mesmos erros.* Se você se sente culpado de sempre se encontrar na mesma situação, seus amigos e sua família podem ficar cansados de ouvi-lo reclamar. Pior ainda: se tiverem que sair em seu socorro porque você se enfiou repetidamente em situações problemáticas, seus erros vão prejudicar seus relacionamentos.

- *Você pode desenvolver crenças irracionais para justificar seus erros*. Em vez de examinar como seu comportamento interfere no seu progresso, você pode apenas concluir que "não era para ser". É o mesmo que alguém com sobrepeso que luta para emagrecer desistir e pensar "tenho ossatura larga; não era mesmo para eu ser mais magro".

EVITE FAZER AS MESMAS COISAS O TEMPO TODO

Para romper o círculo vicioso dos gritos no qual havia se metido, Kristy primeiro teve que avaliar seu estilo de aplicar disciplina e então achar punições alternativas. Sabia que no começo seus filhos testariam as restrições que impunha, e só quando desenvolvesse um plano sólido de lidar com suas emoções conseguiria efetivamente administrar seu comportamento equivocado sem perder a calma.

ESTUDANDO O ERRO

Em meados do século 19, Rowland Macy abriu um armazém em Haverhill, Massachusetts. Embora tivesse aberto a loja em uma parte calma da cidade que raramente atraía visitantes, quanto mais consumidores, tinha certeza de que ela chamaria atenção. Mas estava errado e logo se viu lutando para manter as portas abertas. Numa tentativa de atrair negócios para aquela parte da cidade, montou uma grande parada, com banda e tudo, para convencer as pessoas a irem para a rua. A parada acabava na frente da loja, onde um conhecido homem de negócios de Boston faria um discurso.

Infelizmente, o dia da parada foi bastante quente e ninguém se aventurou a ir à rua para seguir a banda como Rowland havia esperado. Seus erros de marketing lhe custaram muito dinheiro e, por fim, seu negócio.

No entanto, Rowland era alguém que aprendia com seus erros e, poucos anos depois, abriu a R. H. Macy Dry Goods, no centro de Nova York. Era sua quinta loja – após quatro fracassos anteriores. Mas ele havia aprendido algo novo com cada erro que cometera. E quando abriu a loja em Nova York já tinha aprendido muito sobre como dirigir um negócio e divulgá-lo com sucesso.

A famosa loja de departamentos Macy's logo se tornou uma das lojas de maior sucesso do mundo. Ao contrário da primeira parada, marcada para um dia quente de verão, a loja agora fazia seu desfile anual no Dia de Ação de Graças, no outono. Esse evento atraía não apenas grandes multidões às ruas, como também era visto na TV por mais de 44 milhões de pessoas todos os anos.

Rowland simplesmente não ficou procurando justificativas para o fracasso de seus primeiros empreendimentos. Em vez disso, estudou os fatos e assumiu sua parcela de responsabilidade em cada erro. Depois aplicou esse conhecimento na hora de fazer algo diferente na tentativa seguinte.

Se você quer evitar que um erro se repita, passe algum tempo estudando-o. Deixe de lado sentimentos negativos que possa ter, reconheça os fatores que o levaram a dar um mau passo e aprenda com isso. Procure uma explicação, mas não uma desculpa. Faça a si mesmo as seguintes perguntas:

- *O que deu errado?* Dedique algum tempo a refletir sobre os seus erros. Tente discernir os fatos. Talvez você tenha gasto demais com seu orçamento do mês porque não resiste a fazer compras. Ou talvez tenha a mesma discussão com sua mulher repetidas vezes porque a questão nunca se resolve. Examine quais pensamentos, comportamentos e fatores externos contribuíram para o erro.

- *O que eu poderia ter feito melhor?* Ao refletir sobre a situação, pense em coisas que poderia ter feito melhor. Pode ser que não tenha se comprometido o suficiente. Por exemplo: talvez tenha desistido de perder peso depois de apenas duas semanas. Ou talvez seu erro seja encontrar muitas desculpas para não fazer exercícios e, como resultado, não se manter em uma rotina eficaz para perder peso. Faça uma avaliação honesta de si mesmo.
- *O que posso fazer diferente da próxima vez?* Dizer que não vai cometer o mesmo erro de novo e conseguir fazer isso são duas coisas muito diferentes. Pense no que efetivamente pode fazer de diferente para não reincidir no erro e identifique estratégias claras que pode usar para não recorrer a velhos comportamentos.

CRIE UM PLANO

Durante meu estágio na faculdade, passei algum tempo trabalhando em um centro de reabilitação de dependentes de drogas e álcool. Muitos pacientes do programa já tinham tentado resolver essas questões. Quando chegavam à nossa clínica, estavam desencorajados e cansados de não conseguirem se livrar do vício. Mas depois de algumas semanas de tratamento intensivo, a atitude deles em geral mudava. Eles se tornavam mais confiantes no futuro e ficavam determinados a não terem recaídas aos maus hábitos dessa vez.

Mas, antes que pudessem ter alta do programa, os pacientes precisavam de um plano claro para se protegerem. A intenção era ajudá-los a manter a mesma perspectiva positiva de recuperação depois de deixarem a clínica. Assim, eles precisavam fazer algumas mudanças importantes em seu estilo de vida.

Para a maioria deles, isso significava ter que encontrar um

novo círculo social. Não podiam voltar a conviver com os velhos amigos que usavam drogas e bebiam pesado. Alguns deles tinham também que mudar de emprego. Desenvolver hábitos mais saudáveis podia significar terminar um relacionamento que não era saudável ou trocar festas por encontros de grupos de apoio.

Cada um participava do desenvolvimento de um plano por escrito que incluía recursos e estratégias para se manter sóbrio. As pessoas que eram bem-sucedidas em sua recuperação seguiam esse plano. Aqueles que voltavam ao antigo estilo de vida eram mais propensos a ter recaídas porque não conseguiam resistir e acabavam cometendo os mesmos erros. Havia tentações demais quando retornavam ao mesmo ambiente de antes. O segredo do sucesso está em desenvolver um bom plano, não importa que tipo de erros você esteja tentando evitar. Desenvolver um plano por escrito aumenta a possibilidade de segui-lo.

Siga estes passos para criar um plano por escrito que vai ajudá-lo a não repetir seus erros:

1. *Estabeleça um comportamento que substitua o anterior.* Em vez de beber álcool para aliviar o estresse, adote estratégias alternativas, como caminhar ou ligar para um amigo. Decida qual comportamento saudável vai ajudá-lo a evitar repetir seu antigo comportamento prejudicial.
2. *Identifique os sinais de alerta de que está no caminho errado de novo.* É importante atentar para antigos padrões de comportamento que podem voltar. Talvez você descubra que seus hábitos de consumo estão saindo do controle outra vez quando começar a usar demais seus cartões de crédito.
3. *Descubra um modo de se sentir responsável.* Vai ser mais difícil esconder seus erros ou ignorá-los se você estiver sendo responsável. Conversar com um amigo ou parente de con-

fiança que aponte seus erros pode ser útil. Você também pode aumentar a probabilidade de se manter responsável escrevendo um diário ou usando um calendário para registrar seu progresso.

PRATIQUE A AUTODISCIPLINA

Autodisciplina não é algo que você tenha ou não. Todo mundo tem a capacidade de aumentá-la. Recusar um saco de salgadinhos ou alguns docinhos exige certo nível de autocontrole. Assim como se exercitar quando não se tem vontade. Para evitar deslizes que podem colocar seu progresso fora dos trilhos, você precisa de vigilância constante e muito esforço.

Eis alguns pontos que você deve manter em mente ao trabalhar para aumentar seu autocontrole:

- *Pratique a tolerância ao desconforto.* Pratique suportar o desconforto caso se sinta sozinho e tentado a mandar uma mensagem para aquele antigo amor que não faz bem para você ou quando estiver ansioso por um docinho que vai quebrar sua dieta. Embora as pessoas se convençam de que se cederem "só esta vez" não haverá problema, as pesquisas mostram o contrário. Cada vez que cede, você diminui seu autocontrole.
- *Use um diálogo interior positivo.* Afirmações realistas podem ajudá-lo a resistir à tentação em momentos de fraqueza. Dizer coisas como "Eu sou capaz de fazer isso" ou "Estou me saindo muito bem tentando alcançar minhas metas" pode ajudá-lo a se manter no caminho.
- *Tenha suas metas sempre em mente.* Concentrar-se na importância de suas metas ajuda a diminuir as tentações. Assim, se você mantiver o foco em como vai se sentir bem

quando quitar seu carro, ficará menos tentado a fazer aquela compra que vai desequilibrar seu orçamento mensal.
- *Imponha restrições a si mesmo*. Se sentir que corre o risco de gastar demais quando sair com amigos, deixe os cartões em casa e leve apenas uma pequena quantia de dinheiro. Isso vai ajudá-lo a não ceder quando a tentação aparecer.
- *Crie uma lista de todas as razões pelas quais não quer repetir seu erro*. Leve essa lista com você. Quando se sentir tentado a recorrer a seu padrão de comportamento anterior, leia a lista. Crie, por exemplo, uma lista de razões pelas quais deve dar uma caminhada depois do jantar. Quando se sentir tentado a ver TV em vez de fazer exercício, recorra à lista que pode aumentar sua motivação de seguir em frente.

APRENDER COM OS ERROS TORNA VOCÊ MAIS FORTE

Depois de abandonar a escola aos 12 anos, Milton Hershey foi trabalhar em uma gráfica, mas logo percebeu que não estava interessado em seguir carreira na área. Assim, decidiu ingressar em uma loja de doces e sorvetes. Aos 19, abriu a própria empresa de doces. Ganhou apoio financeiro da família e ergueu seu negócio. Mas a empresa não obteve êxito e, dentro de alguns anos, teve que decretar falência.

Depois dessa tentativa fracassada, ele foi para o Colorado, onde tinha a esperança de ficar rico com o boom da mineração de prata. Mas chegou tarde demais, e foi difícil encontrar emprego. Por fim, encontrou trabalho em outro fabricante de doces. Foi lá que aprendeu que o leite fresco produzia doces excelentes.

Hershey se mudou para Nova York para reabrir seu negócio de doces. Achava que as técnicas e as informações que obtivera o levariam ao sucesso na segunda tentativa. Ele, porém, não tinha quem o financiasse, e havia lojas de doces demais na área. Mais uma vez seu empreendimento fracassou. A essa altura, muitas pessoas na família que o haviam ajudado em seus esforços passaram a evitá-lo por causa de seus erros.

Contudo, Hershey não desistiu. Mudou-se para a Pensilvânia e abriu uma empresa de caramelos. Fazia os doces durante o dia e à noite os vendia nas ruas em uma carrocinha. Até que recebeu uma grande encomenda e conseguiu um empréstimo bancário para produzi-la. Assim que a encomenda foi paga, Hershey conseguiu quitar o empréstimo e lançar a Lancaster Caramel Company. Logo ficou milionário e se tornou um dos empresários mais bem-sucedidos da região.

Ele continuou expandindo seu negócio. Começou a fazer chocolate e, em 1900, vendeu a Lancaster Caramel Company e abriu uma fábrica de chocolates. Trabalhou incansavelmente para aperfeiçoar sua fórmula. Logo se tornou a primeira pessoa nos Estados Unidos a produzir chocolate em massa e começou a fazer negócios em todo o mundo.

Quando o açúcar ficou em falta durante a Primeira Guerra Mundial, Hershey estabeleceu a própria refinaria em Cuba. Mas, assim que a guerra terminou, o mercado do açúcar entrou em colapso. Mais uma vez, Hershey estava em apuros financeiros. Pegou um empréstimo no banco, mas teve que penhorar suas propriedades até quitar a dívida. Mesmo assim, conseguiu reerguer o negócio e pagou o banco em dois anos.

Ele não apenas construiu uma próspera fábrica de chocolates como também uma cidade próspera. Conseguiu manter seus empregados trabalhando durante a Grande Depressão e criou diversos edifícios na cidade, inclusive uma escola, um estádio esportivo e um hotel. As novas construções geraram muitos empregos. Homem de sucesso, tornou-se também um grande filantropo. Sua capacidade de aprender com seus erros o ajudou a ir de negócios fracassados a proprietário da maior fábrica de chocolates do mundo. Mesmo hoje, a cidade conhecida como Hershey, na Pensilvânia, é adornada com luzes de rua em forma de seus chocolates Kisses, e mais de 3 milhões de pessoas já visitaram a fábrica de chocolates Hershey's para descobrir como Milton Hershey transformou os grãos de cacau em barras de chocolate.

Se você enxergar seus erros não como algo negativo, mas como uma oportunidade para se tornar alguém melhor, você vai ser capaz de dedicar tempo e energia para se assegurar de que não vai repeti-los. Na verdade, pessoas mentalmente fortes costumam ser mais dispostas a partilhar seus erros com as outras, num esforço para ajudá-las a não fazer o mesmo.

No caso de Kristy, ela sentiu um alívio enorme quando conseguiu parar de gritar com os filhos todos os dias. Aprendeu que era normal que eles saíssem da linha de vez em quando, mas podia escolher como reagir a isso. Sentia que sua casa era um lugar muito mais feliz sem ninguém berrando. Quando parou de repetir os mesmos erros e conseguiu estabelecer limites para seus filhos, ela passou a ter mais controle sobre si mesma e sua vida.

DICAS E ARMADILHAS COMUNS

Em geral, há muitas maneiras diferentes de se resolver um problema particular. Se seu método atual não estiver dando certo, esteja aberto a tentar algo novo. Aprender com cada erro exige autoconsciência e humildade, mas pode ser um dos maiores segredos para você alcançar seu pleno potencial.

O QUE AJUDA

- Reconhecer sua responsabilidade por cada erro.
- Criar um plano por escrito para não repetir o mesmo erro.
- Identificar gatilhos e sinais de alerta de seus antigos padrões de comportamento.
- Praticar estratégias de autodisciplina.

O QUE NÃO AJUDA

- Encontrar desculpas ou se recusar a examinar seu papel no erro.
- Responder com impulsividade sem pensar em alternativas.
- Colocar-se em situações nas quais é provável que fracasse.
- Presumir que sempre poderá resistir às tentações ou decidir que está fadado a repetir os mesmos erros para sempre.

CAPÍTULO 9

NÃO SE INCOMODAM COM O SUCESSO DOS OUTROS

*O ressentimento é como beber veneno
esperando que ele mate seus inimigos.*
– NELSON MANDELA

Dan e sua família com frequência compareciam a encontros sociais na vizinhança. Viviam no tipo de comunidade na qual eram comuns os churrascos no quintal e os pais costumavam ir aos aniversários dos filhos dos outros. Dan e sua mulher também organizavam reuniões às vezes. Até onde se sabia, Dan era um sujeito amigável e extrovertido que parecia ter tudo sob controle. Tinha uma bela casa e um bom emprego em uma empresa de grande reputação. Sua mulher era adorável e seus dois filhos eram saudáveis. Mas ele guardava um segredo.

Dan detestava ir a festas em que tinha que ouvir sobre a impressionante promoção de Michael ou o carro novinho de Bill. Sentia raiva por seus vizinhos poderem se dar ao luxo de fazer viagens caras e comprar os melhores brinquedos no mercado. O dinheiro estava curto desde que haviam decidido, alguns anos antes, que sua mulher ia deixar o emprego para se tornar dona de casa. Seus esforços para manter a aparência de abundância financeira o levaram a contrair muitas dívidas. Na verdade, nem sua mulher conhecia a real extensão de seus problemas financeiros. Mas Dan *sentia que precisava, a qualquer custo, manter a farsa de que podia competir financeiramente com os vizinhos.*

Quando sua mulher lhe disse que ele tinha que fazer algo em relação a seu pavio curto, Dan decidiu procurar ajuda. No começo da terapia, disse não ter certeza de como ela lhe poderia ser útil. Sabia que sua irritabilidade era causada pelo fato de ele estar muito cansado o tempo todo. E a razão disso é que precisava trabalhar demais para conseguir pagar as contas.

Falamos sobre sua situação financeira e as razões pelas quais se sentia compelido a trabalhar tanto. De início, culpou os vizinhos. Disse que por todos ficarem se gabando de terem coisas tão bacanas ele era obrigado a estar à altura deles. Quando questionei com delicadeza se ele era mesmo "obrigado" a isso, concordou que não chegava a tanto, mas que esse era o desejo dele.

Dan concordou em comparecer a mais algumas sessões de terapia e nas semanas seguintes seu ressentimento com os vizinhos se tornou aparente. Quando tratamos de algumas das causas de sua raiva, ele revelou que fora pobre quando criança e que nunca quis que seus filhos passassem por isso. As outras crianças caçoavam dele, que acabava entrando em brigas, porque sua família não podia pagar as roupas e os brinquedos caros que elas tinham. Por isso tinha orgulho de se manter à altura dos outros para poder oferecer à família um estilo de vida comparável ao das pessoas a seu redor.

No fundo, porém, Dan valorizava mais o tempo que passava com a família do que seus bens materiais. E quanto mais falávamos sobre o estilo de vida que levava, mais insatisfeito consigo mesmo se mostrava. Ele sabia que preferia passar mais tempo com a família do que trabalhar em excesso para comprar mais coisas. Pouco a pouco, começou a mudar o modo como pensava sobre seu comportamento e se concentrou mais nas próprias metas e nos próprios valores, em vez de estar sempre preocupado em se igualar aos vizinhos.

A certa altura, a mulher de Dan foi a uma sessão de terapia com ele, que revelou estar pegando empréstimos de vez em quando para pagar as contas. Ela ficou compreensivelmente surpresa ao ouvir a confissão do marido, mas ele partilhou com ela seu novo plano de viver de acordo com seus valores, e não acima de seu padrão de vida para competir com os vizinhos. Ela o apoiou e concordou em ajudá-lo a se manter firme durante o processo.

Dan se esforçou muito para mudar o jeito que pensava sobre si mesmo, seus vizinhos e seu status geral na vida. Seu ressentimento diminuiu muito quando ele parou de competir com os outros e começou a se concentrar no que era realmente importante.

ROXO DE INVEJA

A inveja pode ser descrita com a frase "Eu quero o que você tem", mas o ressentimento em relação ao sucesso de alguém vai além: "Eu quero o que você tem e não quero que você tenha." Sentir inveja de vez em quando é normal. Mas o ressentimento não é saudável. Alguma destas afirmações se aplica a você?

- Com frequência você compara sua riqueza, sua aparência e seu status com as pessoas ao seu redor.
- Você sente inveja de pessoas que podem adquirir bens melhores do que os seus.
- É difícil para você ouvir pessoas contando suas histórias de sucesso.
- Você acha que merece mais reconhecimento por suas conquistas do que o que vem recebendo.
- Você tem medo de que os outros o vejam como um fracassado.
- Às vezes, você sente que, por mais que se esforce, todos os outros parecem ser mais bem-sucedidos que você.

- Você fica incomodado – e não contente – pelas pessoas que conseguem realizar seus sonhos.
- É difícil estar perto de pessoas que ganham mais do que você.
- Você se sente constrangido por sua falta de sucesso.
- De vez em quando você sugere aos outros que está se saindo melhor do que na verdade está.
- Você sente prazer quando uma pessoa de sucesso está passando por dificuldades.

Se você fica ressentido com o sucesso de alguém, isso provavelmente se baseia em um pensamento irracional e pode levá-lo a começar a se comportar de maneira ilógica. Adote medidas para se concentrar em seu próprio caminho do sucesso sem se ressentir da prosperidade dos outros.

POR QUE FICAMOS INCOMODADOS COM O SUCESSO DOS OUTROS

O ressentimento é semelhante à raiva, mas quando as pessoas sentem raiva têm uma probabilidade maior de se expressarem. Por sua vez, o ressentimento geralmente permanece escondido, e pessoas como Dan o mascaram com uma gentileza fingida. Por trás de seu sorriso, há uma mistura de indignação e inveja em ebulição.

O ressentimento de Dan nascia de um senso de injustiça. Às vezes a injustiça é real; outras vezes é imaginada. Ele achava que não era justo que seus vizinhos ganhassem tanto dinheiro. Estava obcecado com o fato de que tinham mais dinheiro e bens melhores do que ele podia comprar. Culpava os vizinhos porque o faziam se sentir pobre, mas se morasse em um bairro menos favorecido, poderia se sentir rico.

Ressentir-se do sucesso dos outros também resulta de inseguranças profundas. É difícil ficar feliz com as conquistas de alguém se você está mal consigo mesmo. A insegurança permite que o sucesso dos outros coloque suas deficiências em destaque. Pode ser também que se sinta amargurado se presumir erradamente que os outros têm mais sorte que você, que é quem mais merece.

É fácil ficar ressentido com o que os outros têm quando você nem sequer sabe o que quer para si. Alguém que nunca desejou um trabalho que exige muitas viagens pode olhar para uma amiga que vive fazendo viagens internacionais e pensar: *Ela tem muita sorte. Eu quero fazer isso.* Enquanto isso, pode ao mesmo tempo cobiçar o estilo de vida de um amigo que trabalha em casa e pensar: *Eu queria ser daquele jeito*, mesmo que esses dois estilos de vida sejam conflitantes. Não se pode ter tudo o que se quer.

Quando você ignora o fato de que a maioria das pessoas só conquista suas metas investindo tempo, dinheiro e esforço, é mais provável que fique frustrado com as conquistas dos outros. É fácil olhar um atleta profissional e dizer "Eu gostaria de poder fazer essas coisas". Mas você gostaria mesmo de se levantar cedo e se exercitar 12 horas por dia? Gostaria que toda a sua renda dependesse apenas de suas habilidades atléticas, que vão declinar à medida que envelhecer? Queria mesmo deixar de comer as coisas que adora para ficar em forma? Ou abrir mão do tempo com seus amigos e sua família para se dedicar ao esporte o ano todo?

O PROBLEMA DO RESSENTIMENTO COM O SUCESSO DOS OUTROS

A frustração de Dan em relação aos vizinhos afetava quase todas as áreas de sua vida – sua carreira, seus hábitos de consumo e até mesmo o relacionamento com a mulher. Ele era consumido por ela a ponto de isso interferir em seu humor e o impedir de desfrutar os encontros sociais na vizinhança. E estava se metendo em um círculo vicioso – quanto mais se esforçava para competir com os vizinhos, mais ressentimento sentia em relação a eles.

SUA VISÃO SOBRE OS OUTROS NÃO É CORRETA

Você nunca sabe ao certo o que acontece por trás de portas fechadas. Dan não sabia por que tipo de problemas seus vizinhos poderiam estar passando. No entanto, ele se ressentia com base no que via.

O ressentimento pode surgir de nada além de estereótipos. Talvez você acredite que pessoas "ricas" sejam perversas, ou que "donos de empresa" sejam gananciosos. Esse tipo de estereótipo pode até mesmo levar você a ficar ressentido em relação a pessoas que nem sequer conhece.

Um estudo de 2013 revelou que pessoas não apenas ficaram ressentidas com o "sucesso de um profissional rico" como se alegravam quando alguém assim enfrentava dificuldades. Pesquisadores mostraram aos participantes fotografias de quatro pessoas diferentes – um idoso, um estudante, um viciado em drogas e um profissional rico. Depois disso, estudaram as atividades cerebrais dos participantes enquanto combinavam as imagens a vários acontecimentos. Descobriram que os participantes mostravam mais alegria quando o profissional rico passava por problemas, como ser molhado por um táxi passando em uma poça. Na verdade, gostavam mais daquele cenário do que daqueles nos quais os outros indivíduos tinham sorte. E tudo isso com base no estereótipo de que, de alguma forma, "profissionais ricos são pessoas más".

Se você não tomar cuidado, o ressentimento pode tomar conta da sua vida, além de causar outros problemas:

- *Você vai deixar de se concentrar em seu próprio caminho para o sucesso.* Quanto mais tempo gastar se preocupando com as conquistas dos outros, menos tempo terá para trabalhar em direção às próprias metas. A animosidade com as conquistas de alguém apenas serve como uma distração que atrapalha o seu progresso.
- *Você nunca vai ficar satisfeito com o que tem.* Se sempre se comparar aos outros, você nunca vai se sentir em paz com o que tem. Vai passar a vida tentando superar os outros. E sempre haverá alguém mais rico, mais atraente ou mais bem-sucedido que você.
- *Você vai negligenciar habilidades e talentos.* Quanto mais tempo passar desejando fazer o que outro faz, menos tempo vai ter para aprimorar suas habilidades. Desejar que o talento do outro diminua não vai fazer o seu crescer.
- *Pode ser que você abandone seus valores.* O ressentimento pode levar as pessoas a se comportarem de maneira desesperada. É difícil se manter fiel aos seus valores quando sente muita raiva das pessoas que têm aquilo que você não tem. Infelizmente, isso causa um comportamento inadequado – como sabotar esforços dos outros ou fazer dívidas para tentar manter as aparências.
- *Você pode estragar seus relacionamentos.* Não é possível manter relações saudáveis com as pessoas pelas quais você nutre ressentimento. Isto leva à comunicação indireta, ao sarcasmo e à irritabilidade – muitas vezes escondidos atrás de um sorriso falso. É impossível ter uma relação genuína e autêntica com alguém quando, no íntimo, você cultiva rancor por essa pessoa.
- *Você pode começar a exagerar suas conquistas.* De início, pode-se copiar alguém em um esforço de se igualar. Mas, se as conquistas daquela pessoa parecem obscurecer as suas, você

pode se gabar ou mesmo mentir descaradamente sobre as suas. Tentativas de superar os outros em geral não são lisonjeiras, mas, às vezes, as pessoas ressentidas se comportam desse modo por desespero, para tentar provar seu valor.

DOMINE A SUA INVEJA

Dan teve que dedicar um tempo a avaliar a própria vida antes de conseguir parar de sentir rancor pelas conquistas das outras pessoas. Depois de ter escolhido criar sua definição de sucesso – que envolvia passar tempo com a família e educar os filhos de acordo com seus valores –, ele conseguiu se lembrar de que a boa sorte de seus vizinhos não diminuía os esforços dele para alcançar suas metas.

Além de lidar com suas inseguranças, Dan também precisou questionar sua forma de pensar. Ele estava convencido de que, se não desse aos filhos as melhores roupas e os aparelhos eletrônicos mais modernos, as outras crianças da vizinhança implicariam com eles. Quando começou a reconhecer que quase todas as crianças são importunadas de vez em quando e que não havia garantia de que posses materiais impedissem isso, conseguiu parar de querer comprar tudo para os filhos. E, ao perceber que poderia, sem intenção, levá-los a se tornarem pessoas materialistas, o que era uma característica que não gostaria que tivessem, voltou seus esforços para estar mais tempo com eles.

MUDE AS CIRCUNSTÂNCIAS

Havia alguns meses, eu vinha trabalhando em meu consultório com um homem que estava enfrentando uma série de questões. Gritava com os filhos e xingava a esposa todo dia. Fumava maconha algumas vezes por dia e, mais de uma vez por semana, bebia até cair. Estava desempregado havia seis meses, com as contas em atraso. Sempre se queixava de que sua vida era injusta e constantemente discutia com qualquer um que lhe oferecesse ajuda. Um dia, entrou em meu consultório e disse: "Amy, não estou me sentindo bem comigo mesmo." Para seu horror, eu respondi que aquilo era bom. "Como pode dizer uma coisa dessas? Seu trabalho é me ajudar a aumentar a minha autoestima." Expliquei a ele que, com base em seu comportamento atual, não se sentir bem consigo mesmo na verdade era um bom sinal. A última coisa que eu queria era que se sentisse bem na situação em que se encontrava. Claro que não diria isso assim, de forma tão direta para qualquer um, mas eu já o conhecia havia um tempo e sabia que isso era algo que ele suportaria ouvir.

Nos meses seguintes tive o prazer de vê-lo crescer e mudar. Ao final do tratamento ele já se sentia melhor consigo mesmo, mas não apenas porque se cobria de falsos elogios. Em vez disso, conseguiu uma fonte de renda, parou de abusar de drogas e álcool e se esforçou para tratar os outros com gentileza. Seu casamento melhorou. A relação com as filhas melhorou. Sentiu-se muito melhor quando começou a se comportar de acordo com seus valores. Sentir-se mal era um indicador de que precisava mudar.

Se você não se sente bem com quem você é, é bom examinar a razão disso. Talvez não se comporte de maneira a construir um senso saudável de valor pessoal. Se for esse o caso, examine o que pode fazer diferente em sua vida para alinhar seu comportamento aos seus valores e às suas metas.

MUDE DE ATITUDE

Se você já se comporta de acordo com seus valores e suas metas, e mesmo assim se ressente com as conquistas dos outros, pode haver alguns pensamentos irracionais interferindo em sua capacidade de enxergar o sucesso alheio. Se, com frequência, se pega pensando em coisas como *Sou burro* ou *Não sou tão bom quanto os outros*, é provável que sinta ressentimento quando os outros são bem-sucedidos. Não apenas pode estar pensando irracionalmente sobre si mesmo, como pode ter pensamentos irracionais sobre outras pessoas.

Um estudo de 2013 sobre a inveja no Facebook explica por que algumas pessoas experimentam emoções negativas ao navegar nessa rede social. Pesquisadores descobriram que as pessoas sentem mais ressentimento e raiva quando seus "amigos" compartilham fotos de férias. Também experimentam esse sentimento quando os "amigos" recebem muitas mensagens de felicitações por seu aniversário. Assustadoramente, o estudo concluiu que aqueles que experimentam muitas emoções negativas enquanto estão no Facebook sentem um declínio na satisfação geral com a vida. É nisso mesmo que este mundo se transformou? Ficamos insatisfeitos com a nossa vida quando pensamos que outro adulto recebeu muitos parabéns no Facebook? Ficamos ressentidos quando nossos amigos saem de férias?

Se você nutre ressentimento em relação às outras pessoas, use estas estratégias para mudar sua forma de pensar:

- *Evite se comparar com outras pessoas.* Comparar-se com os outros é como comparar maçãs com bananas. Você tem um conjunto próprio de talentos, habilidades e experiências de vida. Portanto, ficar se comparando com alguém não é um jeito muito saudável de medir seu valor. Em vez disso, compare-se com quem você era e avalie seu crescimento como indivíduo.
- *Tome consciência dos estereótipos.* Se esforce para conhecer as pessoas em vez de automaticamente julgá-las com base

em estereótipos. Não se permita presumir que alguém que você inveje por ter ganhado riqueza, fortuna ou qualquer coisa é de alguma forma ruim.
- *Pare de enfatizar suas fraquezas.* Se você ficar concentrado em todas as coisas que não tem nem pode fazer, acabará ressentido com quem tem ou pode. Concentre-se em suas forças, em sua capacidade e em suas habilidades.
- *Pare de superestimar a força dos outros.* O ressentimento muitas vezes é resultado do costume de exagerar o sucesso dos outros e se concentrar em tudo que eles têm. Lembre-se de que todo mundo tem fraquezas, inseguranças e problemas – mesmo aqueles mais bem-sucedidos.
- *Não menospreze as conquistas dos outros.* Diminuir as conquistas alheias apenas vai gerar ressentimento. Evite dizer coisas como: "Sua promoção nem foi uma grande coisa. E você só conseguiu porque é amigo do chefe."
- *Pare de tentar determinar o que é justo ou não.* Não se permita ficar concentrado no que não é justo. Infelizmente, as pessoas às vezes trapaceiam para vencer. E algumas são bem-sucedidas por acaso. Quanto mais tempo você dedica a decidir quem "merece" ou não sucesso, menos tempo vai dedicar a realizar algo produtivo.

FOCO NA COOPERAÇÃO, NÃO NA COMPETIÇÃO

Encontrei em minha profissão muitos casais que competem e exigem que as coisas sejam "justas". Também já vi chefes que se ressentem com o sucesso dos próprios funcionários, mesmo que isso beneficie a empresa.

Enquanto enxergar as pessoas em sua vida como concorrentes, você vai sempre estar preocupado em "vencer". E não se pode ter relações saudáveis com pessoas quando se pensa apenas em como vencê-las, em vez de como ajudá-las. Passe algum tempo examinando aqueles que vê como concorrentes em sua vida. Talvez você queira ser mais atraente do que seu melhor amigo. Ou ter mais dinheiro que seu irmão. Note que enxergar essas pessoas como adversárias não é nada saudável para as relações. E se, em vez disso, você começar a vê-las como parte de uma equipe? Incluir em sua vida pessoas que possuem uma variedade de habilidades e talentos na verdade é uma vantagem. Se você tem um irmão em boas condições financeiras, em vez de tentar comprar coisas tão caras como as que ele tem, por que não aprender com suas dicas financeiras? Se você tem uma vizinha que se preocupa com a saúde, por que não pedir a ela que dê algumas dicas para você? Comportar-se de maneira humilde pode fazer maravilhas no jeito como você se sente a seu respeito e a respeito das outras pessoas.

Como vimos no capítulo anterior, parte do sucesso de Milton Hershey se deveu ao fato de que ele aprendeu com seus erros, mas sua capacidade de aceitar o sucesso dos outros também o ajudou. Ele não ficou ressentido nem quando um de seus empregados, H. B. Reese, abriu uma empresa de doces na mesma cidade. Enquanto ainda trabalhava na fábrica de chocolates, Reese usou o conhecimento que adquirira na Hershey's para inventar a própria receita de doce. Depois de alguns anos, criou copinhos de manteiga de amendoim cobertos de chocolate e Hershey se tornou seu fornecedor de chocolate.

Hershey poderia facilmente ter encarado Reese como um concorrente que estava roubando seus fregueses, mas o ajudou em seu empreendimento. Os dois tinham uma boa relação e vendiam doces na mesma comunidade. Na verdade, após a morte dos dois, suas companhias se fundiram e o Reese é um dos produtos mais famosos da Hershey's hoje. A história poderia ter terminado de modo muito diferente, é claro. Ambos os negócios poderiam ter sido arruinados se eles não tivessem cooperado. Em vez disso, ficaram amigos e colaboraram um com o outro durante suas carreiras.

Quando você é capaz de se sentir feliz com o sucesso dos outros, você atrai, em vez de repelir, pessoas de sucesso. Cercar-se de pessoas que se esforçam para alcançar suas metas pode ser bom para você ganhar motivação, inspiração e informações sobre o que pode ajudá-lo em sua jornada.

CRIE SUA PRÓPRIA DEFINIÇÃO DE SUCESSO

Embora muitas pessoas confundam sucesso com dinheiro, é claro que nem todo mundo quer ser rico. Talvez sua definição de sucesso na vida seja ser capaz de ajudar sua comunidade doando seu tempo e suas habilidades. Talvez você se sinta melhor se trabalhar menos horas e puder oferecer seu tempo a quem necessita. Se esta é sua definição de sucesso, não há necessidade de se ressentir com as pessoas que escolhem ganhar muito dinheiro porque isso é consistente com a definição de sucesso delas.

Quando as pessoas dizem "tenho tudo o que quero, mas não sou feliz", com frequência é porque na verdade não têm tudo o que querem. Vivem de acordo com definições alheias de sucesso em vez de serem verdadeiras consigo mesmas. Pegue o caso de Dan. Ele trabalhava para ter todos os bens materiais que seus vizinhos tinham. Mas isto não o estava fazendo feliz. Ele e a mulher decidiram que ela seria dona de casa porque isso era mais importante para eles do que o dinheiro extra que ela ganharia trabalhando fora. Mas Dan perdeu de vista seus valores e começou a imitar os vizinhos.

Para criar sua própria definição de sucesso, às vezes é melhor parar e olhar o quadro mais amplo de sua vida, não apenas a fase em que se encontra no momento. Imagine estar no fim da vida olhando para trás. Que respostas a estas perguntas provavelmente lhe dariam uma sensação de paz maior?

- *Quais foram as grandes conquistas de minha vida?* Teriam envolvido dinheiro? Contribuições que você fez a outras pessoas? Teriam a ver com a família que construiu? O negócio que criou? O fato de ter feito diferença no mundo?
- *Como eu saberia que conquistei essas coisas?* Qual prova você tem de que alcançou suas metas? As pessoas lhe disseram que agradecem suas contribuições? Você tem uma conta bancária que prove que ganhou muito dinheiro?
- *Quais foram as melhores maneiras como gastei meu dinheiro, meu tempo e meus talentos?* Quais memórias de sua vida serão provavelmente as mais importantes? Que tipos de atividade lhe darão a maior sensação de orgulho e realização?

Escreva a sua definição de sucesso. Quando se sentir tentado a ficar ressentido em relação a outros indivíduos que estão trabalhando segundo suas próprias definições de sucesso, lembre-se da sua. Os caminhos para o sucesso são diferentes, e é importante reconhecer que sua jornada é única.

APRENDA A COMEMORAR AS CONQUISTAS DOS OUTROS

Se estiver trabalhando de acordo com sua definição de sucesso e já tiver superado suas inseguranças, você pode celebrar as conquistas dos outros sem qualquer ressentimento. Vai parar de se preocupar com os efeitos que o sucesso dos outros exercerá em você quando aceitar que não está numa competição. Em vez disso, vai se sentir genuinamente feliz por alguém que chega a um novo marco, ganha mais dinheiro ou faz algo que você não fez.

Peter Bookman é um exemplo excelente de alguém que celebra as conquistas dos outros, mesmo que, de acordo com algumas pessoas, pudesse ter razões para ficar ressentido. Como alguém que se descreve como um empreendedor incansável, Peter esteve envolvido na criação de uma variedade de companhias de sucesso. Foi o fundador de uma empresa que acabou se tornando a Fusion-io, uma empresa de sistemas de hardware e software cujos clientes incluem Facebook e Apple. E três anos e meio depois de criar seu negócio, ouviu de seus acionistas e de sua diretoria que eles tinham uma visão diferente da dele em relação ao futuro. Assim, ele deixou a empresa e viu muitas das pessoas que contratara fazerem grande sucesso.

Na verdade, a Fusion-io se tornou um negócio bilionário, deixando aos fundadores 250 milhões de dólares depois que Peter saiu. Mas, em vez de se ressentir com o sucesso de sua antiga empresa, sente-se feliz por eles. Ele admite que muitas pessoas lhe disseram que deveria ficar com raiva de como a empresa que começara havia feito tanto sucesso sem ele. Quando perguntei a Peter por que não guardava nenhum rancor, ele respondeu: "Não vejo como o sucesso deles possa me tirar alguma coisa. Estou feliz de ter feito minha parte e anseio por ajudar outros a conquistar seus sonhos, não importa se os resultados não sejam muito de meu interesse." Peter com certeza não está perdendo nem um minuto de sua vida se ressentindo com o sucesso dos outros. Está ocupado demais comemorando com as pessoas que realizaram seus sonhos.

APOIAR AS CONQUISTAS DOS OUTROS TORNA VOCÊ MAIS FORTE

Até onde se sabe, Herb Brooks foi um jogador de hockey de sucesso tanto no colégio quanto na faculdade e em 1960 se tornou membro da equipe olímpica dos Estados Unidos. Mas, uma semana antes de os jogos começarem, Brooks foi o último jogador a ser cortado do time. Ficou para trás, observando seus colegas partirem sem ele e ganharem a primeira medalha de ouro da modalidade na história do país. Em vez de expressar raiva pelo corte, Brooks se aproximou do treinador e disse: "Bem, você deve ter tomado a decisão certa – você venceu."

Embora muitas pessoas em seu lugar ficassem tentadas a abandonar o esporte para sempre, Brooks não estava disposto a desistir. Continuou treinando e jogou as Olimpíadas de 1964 e 1968. Seus times nunca chegaram ao mesmo nível de sucesso do ano em que ele fora cortado, mas sua carreira não terminou aí. Quando se aposentou como jogador, tornou-se técnico.

Depois de treinar equipes colegiais durante anos, foi contratado para treinar a equipe olímpica. Ao escolher jogadores para sua equipe, elegeu aqueles que poderiam trabalhar melhor juntos. Não queria que nenhum roubasse a cena. A equipe de Brooks entrou nas Olimpíadas de 1980 como azarão, enquanto a União Soviética conquistara seis dos últimos sete títulos olímpicos. Mas, com o treinamento de Brooks, os Estados Unidos venceram os soviéticos por 4 a 3. Essa vitória histórica ficou conhecida como o "Milagre no Gelo". Depois derrotaram a Finlândia e conquistaram a medalha de ouro.

Herb saiu da quadra assim que seu time venceu e desapareceu das câmeras. Era conhecido por sumir depois do jogo, em vez de ficar para celebrar as vitórias da equipe. Mais tarde, disse aos repórteres que queria deixar a quadra para seus jogadores, que mereciam. Não queira roubar a cena.

Herb Brooks não apenas não tinha ressentimento daqueles que eram bem-sucedidos, como os apoiava em seus esforços. Não queria forçar ninguém a partilhar o sucesso com ele, mas estava humildemente disposto a dar todo o crédito aos outros. "Escreva seu próprio livro, em vez de ler o livro dos outros sobre o sucesso", costumava dizer aos jogadores numa frase que ficou famosa.

Ao parar de se ressentir com o sucesso das pessoas, você fica livre para lutar pelas suas metas. E, assim, busca viver segundo os próprios valores sem se sentir ofendido ou traído por pessoas que vivem de acordo com os delas.

Dan experimentou uma sensação de paz e liberação assim que começou a se concentrar em alcançar a própria definição de sucesso. Não competiu mais com os vizinhos, mas consigo mesmo. Quis se desafiar a fazer o melhor todos os dias. Assim como no caso de Dan, ter um estilo de vida autêntico é essencial para qualquer um que queira encontrar o sucesso verdadeiro em sua existência.

DICAS E ARMADILHAS COMUNS

É fácil evitar o ressentimento em relação aos outros se você está bem. Mas provavelmente haverá momentos em sua vida em que você vai ter problemas. É aí que pode ser muito difícil não se ressentir. É necessário esforço e persistência para manter seus sentimentos sob controle quando você está batalhando para atingir suas metas e aqueles em sua volta já atingiram as deles.

O QUE AJUDA
- Criar sua própria definição de sucesso.
- Substituir sentimentos negativos que nutrem ressentimentos por pensamentos mais racionais.
- Comemorar as conquistas dos outros.
- Concentrar-se em suas forças.
- Cooperar, em vez de competir.

O QUE NÃO AJUDA

- Correr atrás dos sonhos de todo mundo.
- Imaginar que a vida dos outros é melhor que a sua.
- Subestimar as conquistas dos outros.
- Tratar todo mundo como se você estivesse em uma competição.

CAPÍTULO 10

NÃO DESISTEM DEPOIS DO PRIMEIRO FRACASSO

> *O fracasso é parte do processo de sucesso. As pessoas que evitam o fracasso também evitam o sucesso.*
> – ROBERT T. KIYOSAKI

Susan foi me procurar porque sentia que sua vida não era gratificante como deveria ser. Tinha um casamento feliz e uma linda filha de 2 anos. Era recepcionista em uma escola local e a família estava financeiramente bem. Susan disse que, na verdade, se sentia um pouco egoísta por não estar mais feliz, apesar de saber que tinha uma vida boa.

Durante as primeiras sessões de terapia, ela revelou que sempre quis ser professora. Depois do ensino médio, foi para a faculdade. Embora a universidade que frequentava não ficasse tão longe, Susan sentia uma saudade imensa de casa. Sofria com sua timidez e tinha dificuldade de fazer novos amigos. Achou que as aulas eram difíceis e exigentes demais. Assim, no meio do primeiro semestre, ela abandonou a faculdade.

Logo depois de voltar para casa, conseguiu o emprego de recepcionista na escola e lá ficou desde então. Não era o trabalho de seus sonhos, mas pensou que era o mais próximo que chegaria de se tornar professora. Porém, conversando com ela, ficava claro que ainda tinha esse desejo. Apenas lhe faltava a confiança necessária para isso.

Quando toquei pela primeira vez no assunto de voltar à faculdade, ela insistiu que já estava muito velha. Mas mudou de ideia quando lhe mostrei uma manchete recente sobre uma mulher que obtivera seu diploma do ensino médio com 94 anos. Passamos as semanas seguintes conversando sobre o que a impedia de estudar pedagogia. Ela disse que isso de faculdade simplesmente não era para ela. Afinal de contas, fracassara da primeira vez e tinha certeza de que não seria inteligente o bastante para passar nas matérias depois de ter ficado tanto tempo longe dos estudos.

Nas semanas seguintes, discutimos suas crenças sobre fracasso e se era verdadeiro que, se falhara antes, falharia de novo. Descobrimos um padrão óbvio em sua vida – sempre que não era bem-sucedida na primeira tentativa, ela desistia. Quando não conseguiu entrar no time de basquete do colégio, desistiu dos esportes. Quando ganhou de volta os 7 quilos que perdera com a dieta, parou de tentar emagrecer. A lista continuava e ela descobriu quanto suas crenças sobre o fracasso influenciavam suas escolhas.

Enquanto isso, encorajei-a na procura por faculdades, porque o ensino mudara muito nos últimos quinze anos. Para sua satisfação, ela descobriu que havia muitas alternativas, e não precisaria estudar em tempo integral. Semanas depois se inscreveu em algumas matérias on-line. Ficou entusiasmada de pensar que as aulas não exigiriam muito tempo longe da família e ela poderia estudar em tempo parcial.

Logo depois de iniciar as aulas, Susan me contou que acreditava ter descoberto o que lhe faltava. Trabalhar por uma nova meta profissional parecia ser o desafio que faltava para se sentir realizada. Terminou a terapia logo depois, com uma nova esperança sobre o futuro e um novo modo de enxergar o fracasso.

SE NÃO DER CERTO DA PRIMEIRA VEZ...

Enquanto algumas pessoas são motivadas pelo fracasso a fazer melhor da próxima vez, outras simplesmente desistem. Alguma destas afirmações se aplica a você?

- Você tem medo de que os outros o vejam como um fracassado.
- Você só gosta de participar das coisas nas quais é provável que se saia muito bem.
- Se sua primeira tentativa de fazer alguma coisa não funcionar, você provavelmente não vai tentar de novo.
- Você acredita que as pessoas mais bem-sucedidas nasceram com o talento natural para alcançar o sucesso.
- Há muitas coisas que você acha que nunca aprenderia, por mais que se esforçasse.
- Grande parte de sua autoestima está ligada à sua capacidade de ser bem-sucedido.
- A ideia de fracassar é muito perturbadora.
- Você tende a arrumar desculpas para o seu fracasso.
- Você preferiria exibir as habilidades que já tem a ter que aprender outras novas.

O fracasso não precisa ser o fim. Na verdade, a maioria das pessoas de sucesso trata o fracasso apenas como o começo de uma longa jornada para o sucesso.

POR QUE DESISTIMOS

Susan, como muitos de nós, achava que, se tinha fracassado uma vez, era quase certo que fracassaria de novo, então não se dava ao trabalho de tentar. Apesar de saber que algo estava faltando em sua vida, nunca lhe ocorreu que poderia voltar para a faculdade por presumir que isso "não era para ela". Susan com certeza não está sozinha. É provável que quase todos tenham desistido de algo depois de uma primeira tentativa fracassada.

O medo costuma estar em nossa falta de disposição em tentar algo mais uma vez depois do insucesso, mas nem todo mundo teme os mesmos aspectos do fracasso. Uma pessoa pode ter receio de decepcionar os pais, enquanto outra pode se preocupar por ser frágil demais para lidar com outro obstáculo. Em vez de enfrentar esses medos, muitas pessoas simplesmente evitam o risco de um novo fracasso, associado à vergonha. Alguns de nós tentamos esconder nossos fracassos e outros devotam muita energia para arrumar desculpas para eles. Um estudante pode dizer que não teve tempo de estudar para a prova, mesmo tendo dedicado muitas horas se preparando – apenas para justificar o fato de ter tirado nota baixa. Outro estudante pode esconder sua nota dos pais por vergonha de ter se saído mal.

Em outras circunstâncias, permitimos que o fracasso defina quem somos. Para Susan, seu insucesso na primeira tentativa de cursar a faculdade significou que ela não era inteligente o bastante para terminar os estudos. Alguns podem acreditar que um fracasso nos negócios significa não serem destinados ao mundo empresarial, ou um indivíduo que não consegue publicar seu primeiro livro pode concluir que é um péssimo escritor.

Desistir pode ser também um comportamento adquirido. Talvez, quando criança, sua mãe se precipitasse a ajudá-lo a fazer qualquer tarefa que você não conseguisse acertar de primeira. Ou talvez, quando você disse à professora que não havia entendido o dever de matemática, ela tenha lhe dado as respostas, de modo que você nunca precisou descobrir por si mesmo. O hábito de sempre esperar que alguém venha resgatá-lo pode ser difícil de romper, tornando menos provável que você tente de novo após um fracasso.

Por fim, também há os que desistem porque têm uma ideia fixa a respeito de suas habilidades. Eles não acreditam ter qualquer controle sobre seu nível de talento e, assim, não se esforçam para melhorar e tentar de novo quando fracassam. Pensam que, se não nasceram com uma habilidade concedida por Deus para fazer algo, nem adianta tentar aprender.

O PROBLEMA DE SE RENDER AO FRACASSO

Susan passou muito tempo pensando em coisas como: *Não sou inteligente o bastante para ser professora* e *Nunca poderia ajudar os alunos a darem certo porque sou um fracasso*. Pensamentos dessa ordem a impediam de alcançar suas metas e nunca lhe ocorrera que pudesse voltar a estudar. Se, como Susan, você desistir depois do primeiro fracasso, é provável que perca muitas oportunidades na vida. Fracassar pode ser uma experiência maravilhosa – mas apenas se você seguir em frente com o conhecimento que ganhou com isso.

É difícil conseguir algo sem fracassar pelo menos uma vez. Pegue, por exemplo, Theodor Geisel – também conhecido como Dr. Seuss –, cujo primeiro livro foi rejeitado por mais de vinte editores. Quando conseguiu publicar, ele lançou 46 volumes de uma das séries de livros infantis mais famosas do mundo, alguns dos quais se tornaram especiais de televisão, filmes e musicais da Broadway. Se tivesse desistido da primeira vez que não conseguiu um contrato de publicação, o mundo nunca teria tido a oportunidade de apreciar seu estilo único de escrita que entretém crianças há décadas.

Desistir depois do primeiro fracasso pode facilmente se tornar uma profecia autorrealizável. Cada vez que isso acontece, você reforça a ideia de que o fracasso é ruim, o que por sua vez vai impedi-lo de tentar de novo. Esse medo inibe sua capacidade de aprender. Em um estudo de 1998 publicado no *Journal of Personality and Social Psychology*, pesquisadores compararam crianças do quinto ano que eram elogiadas por sua inteligência a outras que eram elogiadas por seus esforços. Todas elas fizeram um teste muito difícil. Depois de verem suas notas, tiveram duas opções: podiam olhar os testes de crianças que tinham tirado notas mais altas ou mais baixas. Aquelas que costumavam ser elogiadas por sua inteligência tinham mais probabilidade de olhar notas mais baixas a fim de aumentar sua autoestima. As que eram elogiadas pelos esforços estavam mais dispostas a olhar as notas altas para aprenderem com seus erros. Se você tiver medo do fracasso, terá menor chance de aprender com os seus erros e, portanto, menor probabilidade de tentar de novo.

NÃO DESISTA

Assim que se deu conta de que, por ter fracassado uma vez, isso não necessariamente significava que fracassaria de novo, Susan se tornou mais aberta a olhar suas possibilidades de voltar a estudar. Ao pesquisar opções de faculdades, ela começou a se comportar como alguém que é capaz de superar um fracasso e ficou mais esperançosa de realizar seu sonho de se tornar professora.

IDENTIFIQUE CRENÇAS SOBRE O FRACASSO QUE O IMPEDEM DE TENTAR DE NOVO

Thomas Edison foi um dos inventores mais prolíficos de todos os tempos. Chegou a possuir 1.093 patentes de seus produtos e dos sistemas que os faziam funcionar. Algumas de suas mais famosas invenções incluem a lâmpada elétrica, filmes e o fonógrafo. Mas nem todas tiveram todo esse sucesso. Talvez você nunca tenha ouvido falar da caneta elétrica ou da máquina-fantasma. São apenas duas de suas muitas criações que não deram certo.

Edison sabia que algumas de suas invenções fracassariam e, quando criava um produto que não funcionava ou não parecia ser um sucesso de mercado, não se sentia derrotado. Na verdade, considerava cada fracasso uma importante etapa na aprendizagem. De acordo com uma biografia dele datada de 1915, um jovem assistente certa vez comentara que era uma pena terem trabalhado semanas a fio sem conseguir qualquer resultado. Edison respondeu dizendo: "Resultados? Sem resultados? Puxa, homem, eu tenho muitos resultados! Sei milhares de coisas que não funcionam."

Se você se recusa a tentar de novo depois de fracassar na primeira tentativa, é provável que tenha desenvolvido algumas crenças pouco precisas ou improdutivas sobre o fracasso. Essas crenças influenciam o modo como você pensa, se sente e se comporta em relação ao fracasso. Eis o que as pesquisas dizem sobre perseverança e fracasso:

- *A prática deliberada é mais importante do que o talento natural.* Embora sejamos muitas vezes levados a acreditar que ou somos abençoados com dons inatos ou não, a maioria dos talentos pode ser cultivada pelo esforço. Estudos descobriram que após dez anos de prática diária, as pessoas podem superar outras com talento natural em xadrez, esportes, música ou artes visuais. Depois de vinte anos de prática dedicada, muitas pessoas podem alcançar conquistas de alto nível de desempenho. Mas acreditamos com frequência que, se não nascemos com um talento específico, nunca poderemos desenvolvê-lo o bastante para sermos bem-sucedidos. Essa

crença nos leva a desistir antes de termos a chance de cultivar as habilidades necessárias para sermos bem-sucedidos.
- *Determinação é um melhor previsor de sucesso do que o QI.* Nem todo mundo com QI elevado chega a um alto nível de realização. Na verdade, o QI de uma pessoa não prevê muito bem se ela será ou não bem-sucedida. Já a determinação, definida como perseverança e paixão por um objetivo de longo prazo, é um modo mais exato para prever uma conquista do que o QI.
- *Atribuir o fracasso à falta de capacidade leva à sensação de impotência.* Se você achar que seu fracasso é causado por uma falta de capacidade – e pensa que não pode melhorá-la –, é possível que desenvolva uma sensação de impotência crônica. Em vez de tentar de novo depois de fracassar, você vai aprender a desistir ou esperar que alguém faça por você. Se acha que não pode melhorar em alguma atividade, é provável que nem tente.

Não permita que crenças infundadas sobre suas habilidades o impeçam de ser bem-sucedido. Pense um pouco sobre as crenças que cercam o fracasso. Encare seu caminho para o sucesso como uma maratona, não como um tiro de 100 metros. Aceite que o fracasso é parte do processo que vai ajudá-lo a aprender e crescer.

MUDE A FORMA COMO VOCÊ ENXERGA O FRACASSO

Se você considera o fracasso algo terrível, é difícil tentar de novo depois de fracassar uma vez. Eis alguns pensamentos sobre o fracasso que provavelmente não vão encorajá-lo a tentar outra vez:

- O fracasso é inaceitável.
- Ou sou um sucesso completo ou um fracasso completo.

- O fracasso é sempre culpa minha.
- Fracassei porque sou ruim.
- As pessoas não vão gostar de mim se eu fracassar.
- Se eu não conseguir fazer algo na primeira tentativa, não vou conseguir na segunda.
- Não sou bom o bastante para ser bem-sucedido.

Pensamentos irracionais sobre o fracasso levam você a desistir depois da primeira tentativa malsucedida. Esforce-se para substituí-los por pensamentos mais realistas. O fracasso provavelmente não é tão ruim quanto você o pinta em sua cabeça. Concentre-se em seus esforços, não nos resultados. Quando estiver tentando concluir uma tarefa difícil, mire naquilo que poderia ganhar com o desafio. Você pode aprender algo novo? Pode melhorar suas habilidades mesmo que não tenha dado certo de primeira? Ao pensar no que pode aprender com a experiência, fica mais fácil aceitar o fracasso como parte do processo.

A autocompaixão, e não necessariamente uma autoestima elevada, pode ser o segredo para você alcançar seu pleno potencial. Enquanto ser duro demais consigo mesmo pode levá-lo a ficar resignado e aceitar que você não é bom o bastante para determinada tarefa, ser condescendente demais leva a justificativas por seu comportamento. A autocompaixão pode ser o ponto de equilíbrio. Ter autocompaixão significa enxergar seus fracassos de maneira generosa, mas realista. Significa entender que todo mundo tem defeitos, inclusive você, e que o fracasso não diminui seu valor como pessoa. Ao adotar uma postura de compaixão com as próprias fraquezas, você tem mais chance de reconhecer que existe espaço para crescer e melhorar.

Em uma pesquisa de 2012, alguns estudantes tiveram a chance de melhorar sua nota em provas nas quais haviam se saído mal. Parte deles adotou uma postura de autocompaixão em relação a seu fracasso, enquanto os demais se concentraram em aumentar sua autoestima. Os resultados mostraram que os alunos que praticaram a autocompaixão estudaram 25% a mais e tiveram notas mais altas no segundo teste, em comparação àqueles que se preocuparam em melhorar sua autoestima.

Se permitir que todo o seu valor pessoal dependa de suas conquistas, você provavelmente não vai se arriscar a fazer coisas nas quais poderá fracassar. Substitua os pensamentos irracionais por estes lembretes realistas:

- Com frequência, o fracasso é parte da jornada para o sucesso.
- Eu posso lidar com o fracasso.
- Eu posso aprender com os meus fracassos.
- O fracasso é um sinal de que estou me desafiando e posso escolher fazer de novo.
- Eu tenho poder para superar o fracasso se quiser.

ENCARE SEU MEDO DO FRACASSO

Meu sogro, Rob, era o tipo de sujeito que sempre ria de si mesmo e não sentia vergonha de contar suas histórias de fracasso. Mas eu não acho que ele considerava qualquer uma delas um fracasso real. Na verdade, estou certa de que, se a história fosse boa, ele considerava suas aventuras um grande sucesso.

Uma delas, que me marcou, data de seus dias como piloto, nos anos 1960. Ele transportava pessoas em um avião privado, em uma empresa de táxi aéreo. Às vezes encontrava clientes que estavam saindo de um voo comercial e depois tomavam um táxi aéreo até seu destino final. Em uma ocasião, seu passageiro era um rico empresário. Já que na época a segurança nos aeroportos era muito mais relaxada do que hoje em dia, ele cumprimentou o homem na pista assim que ele saiu do avião.

A maioria dos pilotos de serviços desse tipo ficaria esperando com uma placa na mão, na qual estaria escrito o nome do cliente. Mas esse não era o estilo de Rob. Quando o passageiro saiu do avião, Rob se precipitou para apertar sua mão, dizendo: "É um prazer conhecê-lo, Sr. Smith. Serei seu piloto hoje." O Sr. Smith respondeu dizendo quão lisonjeado estava por Rob tê-lo reconhecido de imediato. O que ele não sabia, no entanto, era que Rob tinha apertado a mão de todos os homens que saíram do avião e dissera a mesma coisa: "É um prazer conhecê-lo, Sr. Smith." Se a pessoa parecesse confusa ou dissesse que era um engano, Rob passava para a próxima, até encontrar o Sr. Smith verdadeiro.

Penso que muitas pessoas ficariam constrangidas de cumprimentar alguém pelo nome errado e evitariam saudar estranhos de forma tão enfática no futuro. Mas não Rob. Apertava sorridente a mão de estranhos chamando-os pelo nome de seu cliente. Sabia que, mais cedo ou mais tarde, encontraria o Sr. Smith. Não tinha medo de fracassar repetidas vezes até acertar.

Quando você se acostuma a fracassar, essa experiência se torna menos assustadora, e você aprende que fracasso e rejeição não são as piores coisas que podem lhe acontecer.

SIGA EM FRENTE APÓS UM FRACASSO

Se seus esforços não apresentarem resultado da primeira vez, dedique algum tempo a avaliar o que aconteceu e como quer proceder. Se fracassou em algo que não é tão importante, talvez decida que não vale a pena investir mais tempo e energia tentando de novo. E isso às vezes faz sentido. Eu, por exemplo, sou uma péssima desenhista. Meus desenhos consistem geralmente em bonecos-palito. No entanto, quando meu desenho fica ruim, não acho que vale a pena investir tempo e energia em aperfeiçoar esse aspecto específico da minha vida – prefiro me dedicar às atividades pelas quais me sinto atraída.

No entanto, se precisar superar algum obstáculo na vida para realizar seu sonho, faz sentido tentar de novo. Mas fazer a mesma coisa repetidas vezes não será útil. Em vez disso, crie um plano para aumentar suas chances de sucesso. Assim como você precisa aprender com seus erros evitando repeti-los, o mesmo vale para o fracasso, para que você possa se sair melhor da próxima vez. De vez em quando, isso significa melhorar suas habilidades. Em outras ocasiões, pode significar buscar oportunidades em que suas aptidões sejam apreciadas.

Com certeza Elias "Walt" Disney não fez seu imenso sucesso sem alguns fracassos pelo caminho. Originalmente, abriu um negócio chamado Laugh-O-Gram em um contrato com o Kansas City Theater para exibir seus contos de fadas de sete minutos, que combinavam atores reais com animação. Embora os desenhos se tornassem um sucesso, Walt estava tão endividado que foi forçado a declarar falência apenas poucos anos depois.

Mas ele não parou por aí. Junto a seu irmão, mudou-se para Hollywood e fundou o Disney Brother's Studio. Logo conseguiram um acordo com um distribuidor que colocaria no mercado um desenho que Walt criara – Oswald, o Coelho Sortudo. Poucos anos depois, porém, o sujeito roubou os direitos desse desenho e de diversos outros. Os irmãos Disney logo produziram três dos próprios desenhos com um dos personagens que Walt inventara – Mickey Mouse. Mas não conseguiram encontrar distribuidora. Isso só aconteceu depois da incorporação do som às obras, o que permitiu sua produção.

Pouco depois, o sucesso dos irmãos explodiu. Apesar de estarem em meio à Grande Depressão, Walt começou a produzir filmes que geraram uma enorme quantia em bilheteria. A partir daí, ele e seu irmão construíram a Disneyland, um parque temático de 17 milhões de dólares. Quando o parque se transformou em outro imenso êxito, eles usaram os lucros para começar a construir o Disney World. Infelizmente, Walt morreu antes que o parque fosse terminado.

Um homem que faliu depois de uma aventura fracassada no ramo dos desenhos animados virou um multimilionário durante a Grande Depressão. Os mesmos desenhos rejeitados inúmeras vezes por pessoas que achavam que nunca seriam um sucesso lhe granjearam mais Oscars do que a qualquer outra pessoa na história. Embora Walt tenha morrido há quase cinquenta anos, a Disney Company permanece uma corporação bilionária, e o personagem Mickey Mouse é o emblema da empresa até hoje. Walt com certeza foi um homem que usou seus fracassos para se motivar a alcançar o sucesso.

DAR A VOLTA POR CIMA TORNA VOCÊ MAIS FORTE

Wally Amos trabalhava como agente de talentos e era conhecido por enviar biscoitos de chocolate caseiros para as celebridades, num esforço de conquistá-las como clientes. Instado por seus amigos, desistiu desse trabalho e passou a se dedicar a fazer biscoitos. Com apoio financeiro de algumas celebridades conhecidas, abriu sua primeira loja gourmet de biscoitos chamada Famous Amos.

A loja se tornou imensamente popular e o negócio cresceu com rapidez. Amos abriu diversas outras lojas pelo país na década seguinte. Seu sucesso virou uma atração nacional, e ele chegou a receber o Prêmio de Excelência Empreendedora das mãos do presidente Ronald Reagan.

Mas, como alguém que abandonara o colégio e não tinha qualquer qualificação formal, Amos não possuía o conhecimento necessário na área de negócios, e seu império de milhões de dólares começou a passar por dificuldades. Ele tentou contratar profissionais que o ajudassem, mas infelizmente eles também não eram capacitados a tirar a empresa do buraco. Por fim, Amos foi forçado a vender a companhia, e não passou apenas por problemas financeiros. Teve ainda uma grande crise pessoal: perdeu sua casa, penhorada pelas dívidas.

Poucos anos depois, tentou lançar outra empresa de biscoitos – a Wally Amos Present Chip and Cookie. Os executivos que tinham comprado a Famous Amos o processaram pelo uso do próprio nome. Então ele mudou o nome para "Uncle Noname". Seu novo negócio enfrentava forte concorrência, e ele não conseguiu torná-lo um sucesso. Foi obrigado a declarar falência quando sua dívida passou de um milhão de dólares.

Por fim, Amos abriu uma empresa de muffins. Mas dessa vez deixou as operações do dia a dia para um sócio que tinha experiência com distribuição de alimentos. Amos aprendeu com os próprios fracassos que precisava de ajuda para tocar seu negócio. Não chegou ao topo, como havia acontecido com a Famous Amos, mas permanece uma empresa estável até hoje.

Mais tarde, Amos encontrou outra oportunidade. A Keebler comprara sua marca original, Famous Amos, e a administração o chamou para ser o porta-voz do produto. Ele poderia ter ficado amargurado pelo fato de a empresa que fundara ter alcançado enorme sucesso agora que não era mais sua, mas, com gratidão e humildade, Amos voltou a pedir às pessoas que comprassem os biscoitos que começara a fazer há trinta anos. Também teve muito sucesso como escritor e palestrante motivacional.

O fracasso pode refinar seu caráter, desafiando-o de novas formas. Pode ajudar a identificar áreas em sua vida que precisam de aperfeiçoamento e forças ocultas que você nunca reconheceu. No caso de Susan, ela ganhou confiança em sua capacidade de lidar com derrotas assim que se matriculou na faculdade. Não via mais o fracasso como um ponto-final, mas pensava nele agora como um meio para se aprimorar. Aprender a perseverar apesar do fracasso aumenta sua força mental à medida que você passa a reconhecer como ele aumenta seu desempenho.

Quando entender que tudo vai ficar bem, mesmo que fracasse repetidas vezes você vai notar a sensação de paz e contentamento decorrente disso. Você não vai mais se preocupar em ser o melhor nem sentir que precisa conquistar o máximo para que as pessoas gostem de você, e vai poder ficar sossegado: a cada fracasso por que passa, você se torna uma pessoa melhor.

DICAS E ARMADILHAS COMUNS

Às vezes as pessoas se sentem confortáveis com o fracasso em algumas áreas da vida, mas em outras, não. Alguém pode se acostumar a não conseguir fechar negócios como vendedor, mas ficar muito perturbado por não conseguir se eleger para a Câmara Municipal. Identifique as áreas na sua vida em que você pode estar mais apto a desistir depois de um fracasso e se concentre em descobrir como pode aprender uma lição com cada fracasso pelo qual passou. Se não estiver acostumado a tentar de novo depois de falhar, pode ser difícil encarar seus medos no começo. É provável que você sinta um conjunto de emoções e seus pensamentos o desencorajem. Com a prática, no entanto, você vai ser capaz de descobrir como o fracasso é um passo importante para o sucesso.

O QUE AJUDA

- Enxergar o fracasso como uma oportunidade de aprendizado.
- Resolver tentar de novo se na primeira vez não der certo.
- Encarar seu medo do fracasso.
- Desenvolver um novo plano para aumentar suas chances de sucesso.
- Identificar e substituir sentimentos irracionais sobre o fracasso.
- Concentrar-se em aprimorar suas habilidades, e não em exibi-las.

O QUE NÃO AJUDA

- Permitir que o fracasso o impeça de alcançar suas metas.
- Considerar que as tentativas futuras serão uma causa perdida se seu primeiro esforço não deu certo.
- Desistir por não querer tolerar o desconforto.
- Definir que a tarefa é impossível porque não deu certo da primeira vez.
- Permitir-se pensar que o fracasso é pior do que realmente é.
- Recusar-se a participar de tarefas em que haja a possibilidade de você não se sair muito bem.

CAPÍTULO 11

NÃO EVITAM FICAR SOZINHAS

Todos os sofrimentos do homem derivam de não ser capaz de se sentar sozinho em uma sala em silêncio.

– BLAISE PASCAL

Vanessa tinha pedido ao seu médico que lhe receitasse um remédio para dormir, mas ele recomendou que ela tentasse a terapia primeiro. Apesar de não estar certa de como isso pudesse ajudar, ela concordou e veio me procurar. Ela explicou que, à noite, não conseguia fazer sua mente parar de funcionar. Apesar de estar exausta, com frequência ficava acordada, a cabeça a mil por hora depois de ter se deitado para tentar dormir. Às vezes ficava em dúvida sobre certas coisas que tinha dito durante o dia e, outras vezes, se preocupava com todas as tarefas que tinha que fazer no dia seguinte. De vez em quando, ela tinha tantos pensamentos na cabeça ao mesmo tempo que nem sabia ao certo no que estava pensando.

Durante o dia, Vanessa não relatava qualquer pensamento preocupante. Trabalhava como corretora de imóveis. Seus dias eram corridos e, muitas vezes, longos demais. Quando não estava oficialmente a serviço, podia ser encontrada jantando com amigos ou fazendo contato com outros jovens profissionais. A linha entre trabalho e lazer não era muito clara, já que ela recebia diversas indicações pelas mídias sociais e por diversos grupos dos *quais fazia parte. Ela adorava seu estilo de vida ativo e gostava de estar em movimento constante. Seu trabalho envolvia muito estresse, mas Vanessa se sentia realizada e tinha muito sucesso nas vendas.*

Quando perguntei quanto tempo ficava sozinha e com que frequência se dava uma oportunidade para se sentar e pensar, ela respondeu: "Ah, nunca. Não quero perder um segundo da minha vida sem ser produtiva." Quando sugeri que a razão pela qual lutava para desligar a mente à noite pudesse ser o fato de que ela não dava a seu cérebro o tempo necessário para processar as coisas durante o dia, a princípio ela riu. E retrucou: "Não é isso. Tenho muito tempo para pensar durante o dia. Penso em muitas coisas ao mesmo tempo." Expliquei a ela que seu cérebro precisava desacelerar, encontrar uma chance de relaxar. Então sugeri que ela reservasse algum tempo para ficar sozinha diariamente. Vanessa não estava convencida de que a solidão pudesse ajudá-la a dormir melhor, mas concordou em fazer a experiência.

Discutimos as várias maneiras como ela podia passar algum tempo sozinha com seus pensamentos. Ela concordou em escrever um diário por pelo menos dez minutos antes de ir para a cama, sem distrações – sem televisão, celular ou rádio tocando no fundo. Quando voltou, na semana seguinte, disse ter achado que o silêncio era um pouco desconfortável, mas que gostara de escrever e achava que isso a havia ajudado a dormir mais rápido.

Nas semanas seguintes, ela tentou diversos tipos de atividades, inclusive meditação e exercícios de atenção plena. Para sua surpresa, descobriu que os poucos minutos de meditação pela manhã eram um dos pontos altos de seu dia. Além disso, também contou que sentia que sua mente estava "mais quieta". Ela continuou a escrever em seu diário por sentir que isso dava vazão para desembaralhar o que se passava em sua cabeça, e a meditação lhe ensinara a acalmar seus pensamentos agitados. Seus problemas de sono não estavam de todo curados, mas ela passou a sentir que conseguia pegar no sono muito mais rápido.

FOBIA DE ESTAR SOZINHO

Passar algum tempo sozinho não está no topo da lista de prioridades da maioria das pessoas. Para muitos de nós, a ideia de ficarmos sozinhos não parece atraente. Para outros, é algo simplesmente assustador. Alguma destas afirmações se aplica a você?

- Quando tem algum tempo livre, a última coisa que você cogita fazer é se sentar e pensar.
- Você acha que passar tempo consigo mesmo é chato.
- Você gosta de manter a TV ou o rádio ligados como ruído de fundo enquanto faz as coisas em casa.
- O silêncio lhe traz desconforto.
- Você confunde estar sozinho com estar solitário.
- Você jamais teria prazer de fazer sozinho atividades como ir ao cinema ou a um concerto.
- Fazer algo sozinho lhe traria culpa.
- Quando tem uns minutos livres em uma sala de espera ou entre tarefas, é provável que use o telefone, mande mensagens de texto ou use as redes sociais.
- Quando dirige sozinho, costuma deixar o rádio ligado ou fala ao telefone para se manter entretido.
- Escrever um diário ou meditar lhe parece perda de tempo.
- Você não tem tempo nem oportunidade para ficar sozinho.

Criar tempo para ficar sozinho com seus pensamentos pode ser uma experiência poderosa, que vai ajudar você a alcançar suas metas. A força mental exige que você às vezes se afaste dos afazeres do cotidiano para se concentrar no próprio crescimento.

POR QUE EVITAMOS FICAR SOZINHOS

Vanessa não considerava a solidão um modo produtivo de gastar seu tempo. Estava tão concentrada em construir sua reputação no setor imobiliário que ficava culpada sempre que não estava socializando ou fazendo contatos profissionais. Não queria perder uma chance sequer de conseguir uma nova oportunidade em seu setor.

Embora a solidão tenha muitas conotações positivas para muitas religiões – Jesus, Maomé e Buda gostavam dela –, estar sozinho ganhou algumas associações negativas na sociedade moderna. Casos extremos de solidão, de pessoas caracterizadas como "ermitãs", são muitas vezes mostrados em desenhos, contos de fadas e filmes de forma negativa. A piada sobre se tornar "a velha dos gatos" também serve como sugestão de que "ficar sozinho é enlouquecedor". Os pais costumam deixar as crianças de castigo quando se comportam mal, o que transmite a mensagem de que estar sozinho é uma punição. E o termo "solitária" é usado para descrever a pior forma de punição na vida de um presidiário. A solidão extrema com certeza não é saudável, mas estar sozinho parece ter recebido uma reputação tal que mesmo a solidão temporária pode ser considerada desagradável.

A ideia de que "estar sozinho é ruim" e "estar cercado de pessoas é bom" nos pressiona a ficar sempre arrumando alguma coisa para fazer. Isso às vezes dá a impressão de que ficar em casa sozinho num sábado à noite não é saudável ou que você é um "fracassado". Manter uma agenda lotada ajuda as pessoas a se sentirem importantes. Quanto mais seu telefone toca, quanto mais planos você faz, mais importante você deve ser.

Estar ocupado também funciona como uma distração maravilhosa. Se tem problemas com os quais não quer lidar, por que não convidar seus vizinhos para jantar ou ir às compras com alguns amigos? Afinal de contas, você não vai ter tempo de pensar em seus problemas se mantiver o cérebro ocupado com uma conversa agradável. Mesmo que não possa estar com os outros pessoalmente, com as novas tecnologias, você nunca precisa estar sozinho. Pode-se falar com gente ao telefone quase em qualquer lugar, usar as redes sociais para estar em contato constante com as pessoas e aproveitar os momentos livres para mandar mensagens de texto. Pode-se virtualmente evitar por completo ficar sozinho com seus pensamentos.

Existem também as pressões sociais para sermos produtivos. Pessoas que acham que devem estar realizando algo o tempo todo enxergam o "tempo sozinho" como "perda de tempo". Assim preenchem cada segundo com atividades – seja limpando a casa ou criando mais listas de tarefas. E não veem muito valor em apenas sentar-se e pensar, porque isso não produz resultados imediatos palpáveis. Na verdade, podem até se sentir culpadas se não estiverem "resolvendo alguma coisa".

E então, é claro, alguns indivíduos simplesmente não se sentem confortáveis quando estão sozinhos. Cresceram acostumados com o caos, o barulho incessante, a atividade constante. Tempo para desacelerar, silêncio e autocuidado não constam em seu vocabulário. Ficam morrendo de medo de ficar sozinhos porque sabem que podem acabar pensando em coisas que os deixem desconfortáveis. Se tivessem alguns momentos livres, poderiam se lembrar de algo triste ou se preocupar com o futuro. Assim, numa tentativa de manter suas emoções desconfortáveis sob controle, ocupam a mente o máximo possível. Estar sozinho muitas vezes se confunde com estar solitário. Os sentimentos de solidão estão ligados à má qualidade de sono, à pressão alta, a um sistema imunológico mais fraco e a um aumento dos hormônios do estresse. Mas estar sozinho não significa necessariamente estar solitário. Na verdade, muitas pessoas se sentem solitárias quando estão cercadas de gente, numa sala lotada. Solidão é perceber que não há ao seu lado ninguém que se preocupe com você. Estar sozinho, por outro lado, é fazer a escolha consciente de estar só com seus pensamentos.

O PROBLEMA COM O MEDO DA SOLIDÃO

Quanto mais Vanessa preenchia seu dia com atividades constantes, mais seu cérebro não conseguia se desligar à noite. E quanto mais agitados seus pensamentos ficavam, mais ela tentava calá-los, o que criou um círculo vicioso. Sua mente a mantinha acordada à noite, e ela começou a associar silêncio a estresse. Chegou mesmo a usar a TV como ruído de fundo enquanto tentava pegar no sono porque queria silenciar seus pensamentos.

Dedicar com frequência nosso tempo às nossas responsabilidades e relações cotidianas pode custar um preço alto se não pararmos e tirarmos um tempo para nos renovar. Infelizmente, é comum os benefícios da solidão serem ignorados ou mal-entendidos. Eis o que dizem as pesquisas sobre os maiores benefícios que aqueles que temem ficar sozinhos podem estar perdendo:

- *Um pouco de tempo sozinho pode ser bom para as crianças.* Um estudo de 1997 descobriu que um quinto das pessoas no oitavo ano que passavam quantidades moderadas de tempo sozinhas tinham menor probabilidade de apresentar problemas comportamentais, menor prevalência de depressão e notas médias mais altas.
- *Um pouco de privacidade no escritório pode aumentar a pro-*

dutividade. Embora muitos ambientes de trabalho promovam espaços abertos e grandes sessões de brainstorming, um estudo de 2000 descobriu que a maioria das pessoas pesquisadas tinha um desempenho melhor quando gozavam de alguma privacidade. Passar um tempo afastado de todos estava ligado a um aumento da produtividade.
- *Passar algum tempo sozinho pode aumentar a empatia.* As pessoas que passam algum tempo sozinhas são mais propensas a demonstrar compaixão pelos outros. Se estiver passando muito tempo com seu círculo social, você tem mais chance de desenvolver uma mentalidade do tipo "nós contra eles", o que pode ocasionar um comportamento de menor empatia em relação às pessoas que estão fora dele.
- *Passar algum tempo sozinho desperta a criatividade.* Muitos artistas, escritores e músicos de sucesso dão à solidão o crédito por um desempenho melhor, enquanto algumas pesquisas sugerem que passar algum tempo longe das demandas da sociedade pode turbinar sua criatividade.
- *Hábitos solitários são bons para a saúde mental.* Embora haja com frequência uma grande ênfase na importância das nossas habilidades sociais, as evidências sugerem que aptidões solitárias podem ser igualmente importantes para a saúde e o bem-estar. A capacidade de tolerar o tempo sozinho parece estar ligada ao aumento da felicidade e da satisfação com a vida e a uma melhora da gestão do estresse. Pessoas que gostam de ficar sozinhas também são menos depressivas.
- *A solidão ajuda a recarregar as baterias.* Passar algum tempo sozinho é uma ótima oportunidade para se recompor. Pesquisas mostram que ficar um pouco sozinho na natureza proporciona descanso e renovação.

Mesmo que desacelerar e tirar um tempo para si mesmo seja

um desafio para você, decidir não fazê-lo pode trazer consequências sérias. Alicia, uma grande amiga minha, experimentou consequências extremas há alguns anos. Eu não a conhecia naquela época, e fiquei surpresa de ouvir como o estresse tivera um efeito tão cumulativo em sua vida a ponto de ela deixar de cuidar de si mesma.

Alicia acabara de ter o primeiro filho e trabalhava de 25 a 30 horas por semana em um emprego pelo qual não morria de amores. Voltara para a faculdade em tempo integral porque se sentia mal de ainda não ter conseguido o diploma. Também sentia muita culpa por seu ritmo agitado exigir que passasse muito tempo longe de seu bebê.

Por fim, as exigências da maternidade, do trabalho e dos estudos acabaram cobrando um alto preço emocional e físico. Ela tinha crises de ansiedade constantes e às vezes sentia que mal era capaz de respirar. Começou a ficar esgotada e perdeu o apetite. Mas ignorou os sinais de alerta de que seu estresse estava atingindo níveis perigosamente altos e seguiu em frente. O dia em que o estresse a dominou por completo começou como qualquer outro – ou assim lhe disseram. Ela não se lembra de nada. Na verdade, a primeira coisa de que se lembra foi de acordar no hospital cercada pela família.

Alicia ficou horrorizada de descobrir que fora encontrada em um posto de gasolina totalmente desorientada. O atendente percebeu sua confusão mental e chamou uma ambulância. A equipe de socorro lhe perguntou seu nome e onde morava, mas ela não conseguiu responder. A única coisa de que se lembrava é que seu bebê estava em casa sozinho.

A polícia fez uma busca em seu carro e achou sua carteira e seu celular. Contataram a família e ficaram aliviados de descobrir que o bebê estava seguro em casa, aos cuidados do marido de Alicia. De acordo com a família, ela parecia estar bem no começo do dia. Falara com o marido, se aprontara para a faculdade e dissera um adeus cheio de lágrimas ao seu bebê. Chegou a ligar para seu pai a caminho do trabalho. Mas em algum ponto do trajeto, ficou totalmente desorientada.

Depois de confirmarem que ela não tinha álcool nem drogas na corrente sanguínea, os médicos descartaram qualquer possibilidade de derrame ou ferimentos na cabeça. Quando todos os testes deram negativo, ela foi diagnosticada com amnésia global transitória – uma forma rara de amnésia temporária que pode ser provocada por um esgotamento emocional grave. Para sua sorte, os sintomas desapareceram em poucos dias e ela não teve sequelas de longo prazo.

Este incidente certamente abriu os olhos de Alicia para a importância de se cuidar. Ela diz que, no passado, costumava acordar pensando em todas as coisas que "precisava" fazer e passava os dias tentando cumprir todas elas. Agora, Alicia desacelera e aproveita o tempo que tem para desfrutar os dias com atividades como levar o cachorro para passear ou trabalhar no jardim. Está muito mais consciente de seu nível de estresse e cuida melhor de si mesma. Sua história serve de alerta, mostrando a importância de desacelerar e perceber os sinais do estresse em seu corpo.

FIQUE CONFORTÁVEL SOZINHO

Os dias de Vanessa eram repletos de atividades que tinham mais prioridade do que passar algum tempo sozinha. A única maneira que ela podia incorporar a solidão em sua rotina diária era planejá-la e tratá-la como os seus outros compromissos importantes. Também era necessário que encarasse suas atividades solitárias como uma prática. É preciso dedicação para aprender coisas novas, como meditação e exercícios de atenção plena. A princípio,

Vanessa aprendeu sobre meditação lendo e assistindo a tutoriais on-line. Mas quando percebeu que gostava disso de verdade, começou a ter interesse em fazer aulas de meditação. Assim, passou a reconhecer que quanto mais aprendia, mais equipada ficava para aquietar sua mente à noite.

PRATIQUE A TOLERÂNCIA AO SILÊNCIO

A maioria das pessoas está acostumada a passar o dia inteiro cercada de barulho. Às vezes, as pessoas até mesmo o fazem de forma intencional para não ficarem sozinhas com seus pensamentos. Você ou alguém que você conhece adormece com a TV ou o rádio ligados como ruído de fundo? Não é saudável tentar silenciar seus pensamentos bombardeando-se com ruído constante. Apenas alguns poucos momentos quietos em seu dia já são o suficiente para você recarregar as baterias. Gaste pelo menos dez minutos de seu dia sentando-se sozinho, sem fazer nada além de pensar. Se está acostumado com barulho e atividade constantes, o silêncio pode ser desconfortável no início, mas, com a prática, fica mais fácil. Use esse tempo para fazer o seguinte:

- *Reflita sobre suas metas.* Dedique alguns momentos todos os dias para pensar sobre suas metas pessoais e profissionais. Avalie como está se saindo e pense em quaisquer mudanças que queira fazer.
- *Preste atenção em seus sentimentos.* Fique atento a como está se sentindo, física e emocionalmente. Avalie seu nível de estresse e se está cuidando o suficiente de si mesmo. Encontre formas de melhorar a sua vida.
- *Estabeleça metas para o futuro.* Não pare de sonhar com o futuro. O primeiro passo para criar o tipo de vida que deseja levar é decidir como quer encarar o futuro.

- *Escreva em um diário*. Esta pode ser uma ferramenta poderosa para se entender melhor e aprender com suas emoções. Pesquisas mostram que escrever sobre experiências e emoções que nos cercam melhora o sistema imunológico, diminui o estresse e tem um efeito benéfico sobre nossa saúde mental.

Vivemos num mundo em que podemos estar constantemente conectados com as pessoas. Mas a conectividade digital significa que temos menos oportunidades para estar sozinhos com nossos pensamentos. Pegar o celular para checar as mensagens, olhar suas contas nas redes sociais e ler histórias on-line são hábitos que podem ocupar grande parte do seu tempo. Passar uns minutinhos aqui e outros ali acaba se transformando em diversas horas por dia. A comunicação constante interrompe suas atividades diárias e leva ao aumento do estresse e da ansiedade. Dê um tempo da tecnologia e incorpore alguns momentos mais sossegados em sua vida tentando o seguinte:

- Desligue a TV quando não estiver realmente assistindo.
- Dirija o carro sem ligar o som.
- Dê uma caminhada sem levar o celular.
- Desligue todos os aparelhos eletrônicos de vez em quando para dar a si mesmo um intervalo.

MARQUE UM ENCONTRO CONSIGO MESMO

O segredo para ficar um momento sozinho é fazer disso uma escolha. Pessoas idosas que moram sozinhas e ficam muito isoladas da sociedade, por exemplo, têm uma probabilidade maior de se sentirem solitárias e menor de se beneficiarem da solidão. Mas para quem vive um dia a dia agitado, com muita interação social, agendar um tempo para a solidão pode ser uma boa oportunidade de descanso e renovação. Se você se sente desconfortável com a ideia de passar algum tempo sozinho, é essencial criar experiências positivas de solidão. Além de achar alguns minutos do dia para ficar só, marque um encontro consigo mesmo pelo menos uma vez por mês.

Ao marcar esse "encontro", você estará se lembrando de que está escolhendo fazer algo por si mesmo. Não porque não tenha relações pessoais, mas porque isso é algo saudável a se fazer. Um estudo de 2011 descobriu que a maioria das pessoas que costumam fazer isso experimenta calma e serenidade. Elas desfrutam a liberdade de fazer o que querem sem qualquer constrangimento social ou expectativas. Os poucos participantes que não acharam a experiência agradável ainda não se sentiam confortáveis ao ficarem sozinhos. No entanto, aumentar a exposição deles à solidão ajuda a tornar essa atividade mais agradável no futuro.

Há pessoas que podem achar a experiência de pescar no meio de um lago renovadora e tranquila, o que muitos outros considerariam abominável. Você não vai conseguir manter um hábito a longo prazo se tentar uma atividade que despreza. É melhor encontrar algumas atividades de que goste, para poder inseri-las em sua rotina.

Se aprecia a natureza, pense em passar um tempo no mato. Se adora uma boa refeição, vá a um restaurante de sua escolha. Você não tem que ficar em casa para apreciar a solidão. Em vez disso, escolha fazer algo que normalmente não faz quando está com os outros. Só não enterre o nariz em um livro nem fique mandando mensagens de texto. O objetivo de um encontro consigo mesmo é que você fique sozinho com os seus pensamentos.

APRENDA A MEDITAR

Embora um dia a meditação tenha sido considerada algo que apenas monges e hippies faziam, ela começa a ganhar uma aceitação maior do público em geral. Muitos médicos, empresários, celebridades e políticos agora sentem o impacto poderoso da meditação em sua saúde física, mental e espiritual. Pesquisas mostram que a meditação altera nossas ondas cerebrais e, com o tempo, nosso cérebro muda fisicamente. Estudos comprovaram que regiões do cérebro associadas à regulação de aprendizado, memória e emoção na verdade começam a ficar mais espessas depois de apenas alguns meses de prática.

A meditação foi associada a uma variedade de benefícios emocionais, inclusive a redução das emoções negativas e a mudança de perspectiva em situações estressantes. Alguns estudos relatam que a meditação diminui a ansiedade e a depressão. Isso sem falar do benefício espiritual. Há quem afirme que se trata de um caminho para a iluminação; outros sugerem combiná-la com orações.

Outras pesquisas dizem que a meditação pode ajudar no tratamento de diversos problemas físicos, como asma, câncer, problemas de sono, dores crônicas e doenças do coração. Embora algumas delas tenham sido questionadas por especialistas médicos, certamente não há como negar que a meditação pode ter uma forte influência sobre o seu corpo. Pergunte a Wim Hof.

Hof ganhou o apelido de Homem de Gelo por sua capacidade de usar a meditação para tolerar o frio extremo. Esse holandês de meia-idade detém mais de vinte recordes mundiais por seus feitos impressionantes – inclusive ficar imerso no gelo por mais de uma hora. Ele escalou o Kilimanjaro, correu maratonas no Círculo Polar Ártico e até subiu metade do Everest (antes de a viagem ser interrompida por causa de uma lesão no pé) – tudo isso usando shorts. Pesquisadores céticos fizeram uma série de testes com ele, porque muitos acreditavam que suas façanhas eram, de alguma forma, fraudulentas. No entanto, os cientistas concluíram que ele consegue manter a temperatura do corpo constante quando medita, apesar de estar exposto a temperaturas extremas. Hof começou a ensinar outras pessoas a controlar o próprio termostato por meio da meditação.

Embora ficar mergulhado no gelo por uma hora não seja uma habilidade de que a maioria de nós precise – ou queira – desenvolver, a história de Hof com certeza demonstra a conexão incrível entre o corpo e a mente. Há diversos tipos de meditação, e pode ser útil fazer uma pesquisa para descobrir qual se aplica melhor a você. Não tem que ser um processo formal ou longo. Em vez disso, podem ser cinco minutos diários para acalmar sua mente e desenvolver a consciência de si.

PASSOS PARA A MEDITAÇÃO SIMPLES

Em sua forma mais simples, pode-se praticar a meditação seguindo apenas alguns passos fáceis, a qualquer hora e em qualquer lugar.

- **Sente-se em uma posição confortável.** Encontre uma posição que lhe permita manter a coluna ereta, em uma cadeira ou no chão.
- **Concentre-se em sua respiração.** Respire fundo e sinta cada inspiração e expiração.
- **Volte sua consciência para a respiração.** Sua mente vai divagar e pensamentos vão começar a surgir. Quando isso acontecer, traga o foco para a respiração.

ESTADO DE PRESENÇA

O estado de presença ou atenção plena é muitas vezes usado como sinônimo de meditação, mas não se trata da mesma coisa. Estar presente é desenvolver uma consciência aguda do que está acontecendo no momento, mas sem julgar. No mundo de hoje somos tentados a fazer muitas coisas ao mesmo tempo. Mandamos mensagens de texto enquanto passeamos com o cachorro, ouvimos rádio enquanto limpamos a cozinha ou tentamos conversar com alguém enquanto digitamos no computador. Em vez de estarmos presentes naquilo que estamos fazendo, ficamos distraídos. Nossa mente divaga no meio de uma conversa. Não conseguimos lembrar o que fizemos com a chave do carro, embora estivéssemos com ela na mão há pouco. E não conseguimos nos lembrar se já lavamos o cabelo ou não enquanto ainda estamos debaixo do chuveiro.

A pesquisa sobre o estado de presença aponta muitos benefícios semelhantes à meditação: redução do estresse, diminuição da incidência de sintomas de depressão, melhora na memória, diminuição da reatividade emocional e mesmo mais satisfação nos relacionamentos. Muitos pesquisadores sugerem que estar presente pode ser a chave para encontrar a felicidade. O cultivo do estado de presença também está ligado a benefícios para a saúde física, como a melhora do funcionamento do sistema imunológico e a diminuição das inflamações provenientes do estresse.

Em vez de pensar no que está "certo" ou "errado", ou em como as coisas "deveriam ser", ao estar presente você aceita seus pensamentos pelo que eles são naquele momento. Isso aumenta sua consciência e o ajuda a se concentrar nas atividades que estiver realizando. Além disso, essa é uma forma de desenvolver a tolerância à solidão e viver o momento.

Do mesmo modo que acontece com a meditação, pode-se aprender a cultivar o estado de presença com livros, vídeos, workshops ou retiros. É algo que cada um ensina de um jeito. Portanto, se um método não funcionar com você, explore alternativas para aprender mais sobre o estado de presença. O segredo para desenvolver essas habilidades é ter prática e dedicação. Mas aprendê-las vai provocar uma mudança em sua qualidade de vida e lhe oferecer uma nova forma de encarar a solidão.

MEIOS DE PRATICAR O ESTADO DE PRESENÇA

Muitos exercícios diferentes são úteis no início da prática. Quanto mais pratica, mais você se torna plenamente consciente e desperto durante todas as suas atividades diárias. Eis alguns exercícios que podem ajudar:

- *Faça uma varredura pelo corpo.* Lentamente, preste atenção em cada parte do corpo, das pontas dos dedos dos pés ao topo da cabeça. Descubra que áreas estão tensas, respire para aliviar a tensão e relaxe os músculos.
- *Conte até dez.* Feche os olhos e conte devagar até dez. Perceba que sua mente vai começar a divagar no meio do processo. Leve a sua atenção de volta à contagem.
- *Faça uma observação consciente.* Encontre um objeto do seu cotidiano que esteja pela casa: uma caneta, uma xícara, qualquer coisa. Segure-o em suas mãos e concentre toda a atenção nele. Observe sua aparência e como é a sensação de tocá-lo sem fazer qualquer avaliação ou julgamento. Em vez disso, tente focar o aqui e agora.
- *Coma alguma coisa com consciência.* Pegue um pequeno alimento, como uma uva-passa ou uma castanha, e o explore no máximo de aspectos possível. Olhe e repare na textura e na cor. Depois, sinta a sensação em suas mãos. Preste atenção no cheiro. Agora coloque na boca e sinta o sabor. Masti-

gue devagar e durante pelo menos vinte segundos repare no gosto em sua boca.

ACOLHER A SOLIDÃO TORNA VOCÊ MAIS FORTE

Vanessa parou de achar que precisava de remédio para dormir quando aprendeu as ferramentas necessárias para reduzir a agitação de seus pensamentos. Ela agora podia usar a meditação e a atenção plena para aquietar a mente antes de ir se deitar. Ela também percebeu que essas habilidades fizeram uma grande diferença em sua vida profissional. Sua capacidade de concentração ficou melhor o dia todo. Ela passou a se sentir mais produtiva e deixou de se considerar desorganizada, apesar de sua agenda caótica.

Aprender como aquietar sua mente e ficar sozinho com seus pensamentos é uma experiência poderosa, capaz de mudar a sua vida. Em seu livro *10% mais feliz*, Dan Harris descreve como a meditação transformou a sua vida. Como coâncora do *Nightline*, da rede de TV ABC, e âncora no fim de semana do *Good Morning America*, precisava apresentar o melhor de si no ar todos os dias. Mas sofreu um ataque de pânico no meio da leitura de uma notícia. Sentiu uma ansiedade súbita e avassaladora, lutou para falar e ficou sem fôlego e isso o forçou a cortar aquele segmento do jornal. Mais tarde, ele descobriu que é provável que aquele ataque de pânico – a que ele se refere como o momento mais constrangedor de sua vida – tenha resultado de suas tentativas de se automedicar em um episódio recente de depressão com ecstasy e cocaína. Estava sem as drogas havia semanas, mas os efeitos permaneceram em seu cérebro. A crise o motivou a parar de usar drogas e começar uma jornada em busca de uma nova forma de administrar o estresse.

Na mesma época, Harris recebeu a tarefa de fazer uma série de reportagens sobre religião. Como parte do trabalho, foi apresentado à meditação. A princípio achou que aquilo não fosse lhe interessar, mas quanto mais aprendia, mais ficava aberto à ideia. No final, descobriu em primeira mão que a meditação era uma estratégia realista para acalmar os pensamentos ansiosos em sua cabeça.

Embora reconheça que no começo se sentia desconfortável ao contar às pessoas que começara a meditar, hoje ele reconhece que partilhar sua história pode ajudar os outros. Ele sabe que a meditação não foi uma solução mágica para tudo em sua vida, mas diz que seu humor melhorou 10%. Em seu livro, ele diz: "Enquanto não olharmos diretamente para nossa mente, não saberemos o que nossa vida realmente é."

Passar algum tempo sozinho, seja meditando ou aproveitando momentos de tranquilidade para refletir sobre seus objetivos, é a melhor forma de se conhecer de verdade. Assim como é importante passar tempo com seus entes queridos para conhecê-los melhor, é imperativo que dedique algum tempo a conhecer a si mesmo. Desenvolver uma maior consciência de si pode ajudar você a reconhecer o que o impede de atingir seu pleno potencial.

DICAS E ARMADILHAS COMUNS

Se você em algum momento se flagra sonhando que está em uma ilha deserta, isso quer dizer que está precisando passar algum tempo sozinho. Não tenha medo de reservar um tempo para si. Não é egoísmo nem perda de tempo. Na verdade, pode ser uma das melhores coisas que você já fez. Isso melhora sua vida de muitas formas e ajuda você a aprender a desfrutar cada momento – e deixar de correr de uma tarefa para outra sem estar sintonizado com o que de fato acontece ao seu redor.

O QUE AJUDA

- Aprender a apreciar o silêncio.
- Dedicar alguns minutos do dia para ficar sozinho com seus pensamentos.
- Marcar um encontro consigo mesmo pelo menos uma vez por mês.
- Aprender a meditar para aquietar a mente.
- Praticar o estado de presença ou atenção plena para se concentrar em uma tarefa de cada vez.
- Escrever em um diário para colocar suas emoções em ordem.
- Refletir diariamente sobre seu progresso e suas metas.

O QUE NÃO AJUDA

- Manter um ruído de fundo o tempo todo.
- Correr de uma atividade para outra e se concentrar em produzir alguma coisa o tempo todo.
- Encher seu calendário com compromissos sociais sem reservar um tempo para si mesmo.
- Não acreditar que a meditação possa ajudar.
- Fazer muitas tarefas ao mesmo tempo e estar distraído enquanto as realiza.
- Olhar sua lista de tarefas e julgar o progresso de cada dia por quantas coisas conseguiu cumprir.

CAPÍTULO 12

NÃO SENTEM QUE O MUNDO LHES DEVE ALGUMA COISA

Não fique por aí dizendo que o mundo lhe deve um meio de sustento. O mundo não lhe deve nada. Ele chegou primeiro.

– ROBERT JONES BURDETTE

Lucas procurou a terapia porque o pessoal do departamento de recursos humanos de sua empresa sugeriu que ele aproveitasse o programa de assistência aos funcionários para lidar com alguns problemas que estava tendo no trabalho. Assim, ele poderia fazer diversas sessões sem pagar.

Lucas tinha sido contratado recentemente para seu primeiro bom emprego após a conclusão do MBA. Estava animado com o cargo e acreditava de verdade na empresa para a qual trabalhava. Mas não sentia que seus colegas estivessem com o mesmo entusiasmo por tê-lo no time. Ele explicou que muitas vezes fazia sugestões de como seu supervisor podia aumentar a rentabilidade da firma e tentava ajudar seus colegas a se tornarem mais eficientes e produtivos. Oferecia ideias nas reuniões semanais da equipe, mas achava que ninguém estava escutando. Chegou a marcar uma reunião com o chefe para pedir uma promoção para uma posição de liderança. Achou que ter mais autoridade deixaria os outros mais dispostos a aceitar seus conselhos.

Para seu desalento, seu supervisor não estava interessado em promovê-lo. Em vez disso, pediu que "baixasse a bola" se quisesse continuar no emprego, porque seus colegas já estavam reclamando de sua atitude. Depois da reunião, Lucas foi ao escritório de recursos humanos da empresa para se queixar, e foi então que lhe recomendaram fazer terapia.

Quando Lucas e eu conversamos, ele me disse que sentia que merecia uma promoção. Apesar de ser novo na empresa, estava certo de ter grandes ideias sobre como tornar o negócio mais rentável e achava que deveria ter um aumento de salário. Exploramos essa suposição de que ele era um empregado acima da média e como seu empregador poderia enxergar as coisas de maneira diferente. Também discutimos as consequências de ele ter um comportamento tão ousado. Lucas reconheceu que a conclusão a que chegara estava claramente lhe causando problemas no escritório – seus colegas, e, é provável, seu supervisor, estavam incomodados.

Ao perceber que sua postura de "sabe-tudo" estava afastando as pessoas, Lucas e eu discutimos como seus colegas deviam se sentir ao trabalhar com ele. Alguns deles estavam na empresa havia décadas e aos poucos tentavam subir na carreira. Lucas disse que entendia a frustração deles ao ver um garoto recém-saído da faculdade tentando lhes oferecer conselhos. Admitiu que com frequência os achava "burros", e discutimos como esse tipo de pensamento apenas iria alimentar seu desejo de se comportar de modo autoritário. Ele se esforçou para reenquadrar esses pensamentos de forma a poder reconhecer o valor dos empregados antigos para a empresa. Em vez de ver seus colegas como limitados, aprendeu a reagir dizendo a si mesmo que eles apenas viam as coisas de um jeito diferente. Quando começava a pensar que era um empregado melhor do que qualquer um dos outros, lembrava a si mesmo de que tinha acabado de sair da faculdade e ainda tinha muito que aprender.

Ele concordou em criar uma lista com os comportamentos que seu empregador gostaria de ver nos melhores funcionários da empresa. Quando terminamos, Lucas analisou quantos daqueles comportamentos apresentava. Admitiu que não fazia todas as coisas da lista – como apoiar os colegas e demonstrar uma postura responsável. Estava na verdade mais preocupado em se exibir e fazer exigências.

Lucas passou a aplicar esse novo conhecimento a sua maneira de proceder no escritório. Quando voltou para a consulta seguinte algumas semanas depois, partilhou algumas mudanças que havia observado. Disse que tinha parado de oferecer tantos conselhos que ninguém tinha pedido. Descobriu que as pessoas estavam mais inclinadas a lhe fazer perguntas e buscar sua opinião quando "baixou a bola" e parou de tentar forçar os outros a ouvi-lo. Pensou que era um passo definitivo na direção certa e se sentiu confiante de poder continuar se esforçando para ser um bom funcionário – e não o recurso inestimável que presumia ser.

O CENTRO DO UNIVERSO

Todos ficamos inclinados a querer nossa parcela justa da vida. No entanto, não é saudável acreditar que lhe devem algo apenas por quem você é ou pelas dificuldades por que passou. Alguma destas afirmações se aplica a você?

- Você acha que tem um desempenho melhor que a média na maior parte das tarefas, como ao dirigir ou interagir com os outros.
- Você tem mais propensão a encontrar justificativas para seus problemas do que a aceitar as consequências.
- Você acredita que nasceu para ser bem-sucedido.
- Você pensa que sua autoestima está ligada à sua riqueza material.

- Você acredita que merece ser feliz.
- Você sente que já lidou com problemas suficientes na vida e está na hora de acontecerem coisas boas.
- Você gosta mais de falar sobre si mesmo do que de ouvir os outros.
- Você se considera esperto o bastante para ter sucesso sem ter que trabalhar duro.
- Às vezes você compra coisas pelas quais não pode pagar, mas justifica isso dizendo a si mesmo que merece.
- Você se considera um especialista em muitas coisas.

Não é saudável acreditar que você não precisa trabalhar duro e que não tem que passar pelos mesmos processos que os outros porque é uma exceção à regra. Mas você pode aprender a parar de se queixar sobre o que merece e se concentrar em como se tornar mentalmente mais forte para não sentir que tem mais direito às coisas do que os outros.

POR QUE SENTIMOS QUE O MUNDO NOS DEVE ALGUMA COISA

Lucas é filho único e, durante toda a vida, seus pais lhe asseguraram de que era um líder nato e estava destinado ao sucesso. Assim, quando terminou a faculdade, sentiu a confiança de estar fadado à grandeza. Presumiu que qualquer empregador reconheceria seu talento de imediato e se sentiria afortunado por tê-lo em sua equipe.

Sejam aqueles que passaram por circunstâncias difíceis e acham que merecem algo para compensar, ou quem se acha melhor em todos os sentidos e merece ser recompensado por isso, pessoas como Lucas estão em toda parte. Somos bons em perceber essa característica nos outros, mas o fato é que todos nós podemos nos sentir assim em algum momento – e quase sempre não temos a sabedoria para reconhecer essa característica em nós mesmos.

Vivemos em um mundo em que direitos e privilégios muitas vezes se confundem. As pessoas pensam que têm "direito à felicidade" ou "direito a serem tratadas com respeito", ainda que isso signifique transgredir os direitos dos outros para conseguir o que querem. Em vez de tentarem conquistar privilégios, comportam-se como se a sociedade lhes devesse alguma coisa. A mídia promove a permissividade e o materialismo ao nos instigar a comprar produtos. A ideia de que "você merece", quer tenha dinheiro para pagar por aquilo ou não, leva muitos de nós a nos afundarmos em dívidas.

O sentimento de que o mundo lhe deve alguma coisa nem sempre é decorrente de um complexo de superioridade. Às vezes, trata-se de uma sensação de injustiça. Uma pessoa que teve uma infância difícil, por exemplo, pode estourar os cartões de crédito comprando coisas que nunca teve quando criança. Pode pensar que o mundo lhe deve a oportunidade de ter coisas boas, já que sentiu muita falta delas quando era mais jovem. Esse tipo de pensamento pode ser tão prejudicial quanto sentir-se superior aos outros.

Jean Twenge, psicóloga e autora de *Generation Me* (Geração eu) e *The Narcissism Epidemic* (O narcisismo epidêmico), conduziu muitos estudos sobre o narcisismo e a ideia de que lhe devem algo. Seus estudos descobriram que as gerações mais jovens têm um desejo cada vez maior por riqueza material e menor disposição para trabalhar. Ela sugere diversas razões possíveis para essa desconexão:

- *O foco em ajudar as crianças a desenvolver sua autoestima passou dos limites.* Programas escolares destinados a au-

mentar a autoestima ensinam a todas as crianças que elas são especiais. Dizer repetidas vezes às crianças que elas são melhores do que as outras alimenta suas crenças infladas sobre a importância que têm.
- *A educação permissiva em excesso impede que as crianças assumam responsabilidade por seu comportamento.* Quando as crianças ganham tudo o que querem e não sofrem consequências por seu mau comportamento, não aprendem o valor das coisas. Em vez disso, os pais dão a elas uma superabundância de posses materiais e elogios, não importa o seu comportamento.
- *As redes sociais alimentam crenças equivocadas sobre a sua importância.* Jovens não conseguem imaginar um mundo sem "selfies" e blogs de autopromoção. Não está claro se as redes sociais na verdade alimentam o narcisismo ou servem simplesmente como um canal para que as pessoas anunciem suas crenças ocultas de superioridade. Mas as evidências sugerem que as pessoas recorrem às redes sociais para melhorar a autoestima.

O PROBLEMA COM A IDEIA DE QUE O MUNDO LHE DEVE ALGO

Ao persistir na ideia de que lhe deviam algo, Lucas não estava conquistando qualquer amigo no escritório. E provavelmente isso também não lhe ajudaria a conseguir uma promoção no futuro próximo.

Uma mentalidade como essa o impede de conquistar as coisas com base no mérito. Assim, você tem uma probabilidade menor de trabalhar duro por algo quando está ocupado demais reclamando por não ter o que lhe devem. Em vez disso, você vai esperar conseguir as coisas com base em quem você é ou nas dificuldades por que passou e não vai ser capaz de assumir a responsabilidade por seu comportamento, se estiver concentrado em reivindicar o que acha que o mundo lhe deve.

Você também vai fazer exigências irreais ou ficar muito focado em ganhar o que acha que merece, e não vai ser capaz de contribuir com um relacionamento de maneira significativa.

Se você está sempre exigindo *Eu mereço ser bem cuidado e bem tratado*, terá problemas para oferecer o mesmo tipo de amor e respeito que vai atrair um parceiro que o trate com gentileza.

Quando você está focando em si mesmo, é muito difícil ser empático. Por que doar tempo e dinheiro aos outros se você está sempre pensando coisas como *Eu desejo comprar coisas boas para mim mesmo*? Em vez de desfrutar a felicidade de dar, você vai estar fixado demais no que não está recebendo.

Quando não se tem tudo o que se quer, a ideia de que lhe devem algo pode levar a sentimentos de amargura e você pode pensar que foi vitimizado de alguma forma. Você não vai ser feliz com tudo o que tem e com tudo o que está livre para fazer, e vai se concentrar em tudo o que não tem e não pode fazer, o que, por sua vez, o fará perder algumas das melhores dádivas da vida.

SUPERE A SI MESMO

Lucas precisava entender como sua ideia de que lhe deviam algo tinha impacto sobre ele e aqueles ao seu redor. Dessa forma, conseguiu começar a mudar o jeito como enxergava seus colegas e como se comportava com eles assim que descobriu como as pessoas o viam. Uma disposição para trabalhar mais duro combinada a um pouco de humildade ajudaram Lucas a permanecer empregado e se sentir mais aceito.

TENTE PERCEBER SE ESTÁ PRESO À IDEIA DE QUE LHE DEVEM ALGO

Vemos o tempo todo na mídia pessoas ricas, celebridades e políticos agindo como se as leis e as regras normais não se aplicassem a eles. Por exemplo, o caso do adolescente que foi julgado por assassinato depois de matar quatro pessoas em um acidente, dirigindo embriagado. A defesa sugeriu que o garoto sofria de "affluenza" – ou seja, a ideia de que estava acima da lei. O argumento era que não podia ser considerado responsável pelo crime por ter crescido em uma família rica com pais que o haviam mimado e nunca exigiram que assumisse qualquer responsabilidade por seu comportamento. O adolescente foi sentenciado a um programa de reabilitação de abuso de drogas e colocado em liberdade condicional – não passou um dia sequer na cadeia. São esses tipos de histórias que nos fazem questionar se estamos nos tornando uma sociedade mais tolerante com a ideia de que o mundo realmente deve mais a certas pessoas do que a outras.

Versões mais sutis dessa ideia também se tornaram lugar-comum. Se você não consegue o emprego dos sonhos, a reação comum de amigos é mais ou menos "Bem, alguma coisa melhor vai aparecer" ou "Você merece que algo de bom lhe aconteça depois de tudo isso". Mas mesmo que essas declarações sejam feitas com a melhor das intenções, o mundo não funciona assim. Não importa se você é a pessoa mais esperta do planeta ou se perseverou nas circunstâncias mais difíceis – nada disso o torna mais merecedor de boa sorte do que qualquer um.

Tente se tornar mais consciente desses momentos sutis em que sente que o mundo lhe deve alguma coisa. Procure pensamentos que indiquem que você tem algumas ideias subjacentes sobre o que o mundo lhe deve, tais como:

- Eu mereço algo melhor do que isso.
- Eu não estou seguindo essa lei porque ela é idiota.
- Eu valho mais do que isso.
- Eu nasci para ser muito bem-sucedido.
- Coisas boas vão aparecer no meu caminho.
- Sempre houve algo de especial em mim.

A maior parte das pessoas que acreditam que o mundo lhes deve algo não tem consciência de si. Elas acreditam que todo mundo as percebe do mesmo modo que elas. Preste atenção nesse padrão de pensamento e mantenha estas ideias em mente:

- *A vida não tem que ser justa.* Não há um poder superior ou qualquer pessoa na Terra que assegure que todos os seres humanos tenham uma chance justa e igual na vida. Alguns têm mais experiências positivas do que outros. A vida é assim, mas isso não significa que lhe devem alguma coisa só porque você teve um caminho difícil.
- *Seus problemas não são únicos.* Embora a vida de ninguém seja exatamente como a sua, outras pessoas experimentam os mesmos tipos de problemas, tristezas e tragédias que você. É possível que haja muita gente no planeta que sobreviveu a coisas piores. Ninguém prometeu que a vida seria fácil.
- *Você pode escolher como reagir a decepções.* Mesmo que não possa mudar a situação, você pode escolher como reagir a ela. Pode decidir lidar com problemas, circunstâncias ou tragédias em seu caminho sem se vitimizar.
- *Você não é mais merecedor do que os outros.* Apesar de ser diferente dos outros, não há nada em você que o torne melhor do que eles. Não existe razão para que você mereça que lhe aconteçam coisas boas sem que precise antes gastar tempo e esforço para colher os benefícios.

CONCENTRE-SE EM OFERECER COISAS AOS OUTROS, NÃO EM TOMÁ-LAS

Eu ouvi falar pela primeira vez da "Casa de Sarah" em um comercial de rádio anunciando um evento de arrecadação de fundos. Foi só depois que descobri que Sarah e eu na verdade crescemos na mesma cidade. Na última noite da vida de minha mãe, estávamos em um jogo de basquete e me lembro de haver gêmeas jogando. Uma delas era Sarah Robinson.

Desde então conheci sua irmã gêmea, Lindsay Turner, que me contou tudo sobre Sarah. Quando tinha 24 anos, ela foi diagnosticada com um tumor cerebral. Foi operada e passou por quimioterapia por um ano e meio antes de perder a batalha contra o câncer. Durante o tratamento, ela não se concentrou na injustiça de ter contraído a doença. Na verdade, estava ocupada demais em sua missão de ajudar outras pessoas.

Sarah conheceu outros pacientes de câncer em seu centro de tratamento e ficou horrorizada de saber que muitos deles dirigiam longas distâncias para se tratar. Morar no Maine rural significava, para alguns pacientes, ter que fazer uma viagem de ida e volta de cinco horas, cinco vezes por semana por períodos de seis semanas por vez, porque não tinham dinheiro para pagar um hotel. Alguns deles dormiam no carro, no estacionamento de um supermercado. Ela sabia que essa não era uma boa condição para lutar uma batalha pela vida.

Procurando ajudar, de início brincou que podia comprar beliches e deixar todos dormirem em sua casa. No entanto, ela sabia que essa não seria uma solução de longo prazo. Então teve a ideia de criar um centro de hospitalidade próximo do local de tratamento. Sarah já era membro do Rotary Club da cidade havia vários anos, cujo lema é "Dar sem esperar nada em troca", algo em que ela com certeza acreditava. Vendeu a ideia ao clube e seus membros concordaram em lhe ajudar a criar um centro de hospitalidade.

Sarah se empolgou com a possibilidade de transformar sua ideia em realidade e trabalhou duro para tirá-la do papel. Na verdade, segundo sua família, mesmo durante a quimioterapia acordava com frequência no meio da noite para trabalhar no projeto. À medida que sua saúde se deteriorava, ela se mantinha positiva. Disse à família: "Não vou sair da festa cedo. Vou é chegar lá antes." Não apenas sua fé em Deus permaneceu forte, como transformou seu desejo em realidade.

Sarah Robinson morreu em 2011, aos 26 anos. Mas, como ela pediu, sua família e seus amigos continuaram trabalhando para transformar a "Casa de Sarah" em realidade. Em dezoito meses, levantaram quase um milhão de dólares. Até sua filha se envolveu na arrecadação de fundos. Ela guardava um pote com as palavras "Casa de Sarah" escritas no rótulo, e doava todo o dinheiro que ganhava vendendo limonada. Sem um único funcionário formal, os voluntários trabalhavam incansavelmente para transformar uma velha loja de móveis em uma casa de hospitalidade de nove quartos que nunca daria as costas aos pacientes.

A maioria das pessoas diagnosticadas com uma doença terminal pode perguntar "Por que eu?", mas essa não foi a mentalidade de Sarah. Quando sua saúde se deteriorou a ponto de ela não conseguir mais colocar seu pijama sozinha e seu marido ter que vesti-la, Sarah escreveu em seu diário: "Sou a mulher mais sortuda do mundo!"

"Eu tenho uma convicção muito firme de que 'deixei tudo no campo' (o campo da vida, quero dizer)", escreveu ela em outra data no diário. "Nunca me detive, não me arrependo, as pessoas em minha vida sabem o que significam para mim e sempre projetarei isso abertamente." Sarah com certeza deu à vida tudo o que tinha e é provável que isso tenha sido uma das razões pelas quais conseguiu enfrentar a morte com tanta coragem, mesmo em idade tão jovem. Pouco antes de morrer, ela revelou que uma de suas vontades era inspirar outros a aderir a suas organizações cívicas locais porque "É disso que a vida é feita". Deixou claro que, quando as pessoas estão morrendo, nunca desejam ter passado mais tempo no escritório. Na verdade, queriam ter investido mais tempo ajudando os outros.

Sarah nunca desperdiçou um minuto sequer achando que o mundo lhe devia algo porque ela tinha câncer. Em vez disso, ela se concentrou no que podia oferecer ao mundo. Ajudou os outros sem esperar que lhe dessem algo em troca.

COMPORTE-SE COMO UM JOGADOR DE EQUIPE

Você não vai ser capaz de se dar bem com seus colegas, fazer amizades genuínas ou melhorar um relacionamento amoroso se não se comportar como parte de uma equipe. Pare de se concentrar no jeito que acha que as coisas deveriam ser para serem justas e tente o seguinte:

- *Concentre-se em seus esforços, não na importância que acha que tem.* Em vez de prestar atenção em quanto se acha superqualificado, concentre-se em seus esforços. Sempre há oportunidades para você se aperfeiçoar.
- *Aceite as críticas com elegância.* Se alguém lhe der uma opinião, não se apresse em pensar "Esse cara é um idiota". A opinião dos outros se baseia em como eles percebem você, o que, é claro, vai ser diferente da maneira como você se percebe. Disponha-se a avaliar cada crítica e considerar se quer mudar seu comportamento.
- *Reconheça seus defeitos e suas fraquezas.* Todos os têm, quer admitam ou não. Reconhecer que tem inseguranças, proble-

mas e características pouco atraentes ajuda você a não desenvolver uma percepção distorcida de si. Só não use essas fraquezas como desculpa para achar que o mundo lhe deve alguma coisa.
- *Pare e pense sobre como as outras pessoas se sentem.* Não se concentre no que pensa que merece na vida. Dedique algum tempo a pensar em como os outros devem estar se sentindo. Ao aumentar a empatia pelos outros, sua sensação de ser exageradamente importante diminui.
- *Não fique contando os pontos.* Você pode ter conseguido se livrar da dependência de drogas ou ajudado um idoso a atravessar a rua – em qualquer desses casos, o mundo não lhe deve nada em troca. Não fique contando os pontos das suas boas ações – ou das razões por que se sentiu prejudicado –, porque você apenas vai se preparar para ficar decepcionado quando não receber o que acha que lhe devem.

PRATICAR A HUMILDADE TORNA VOCÊ MAIS FORTE

Em 1940, Wilma Rudolph nasceu prematura. Pesava apenas 2 quilos e era uma criança frágil. Aos 4 anos, contraiu poliomielite. Como resultado, suas pernas e seus pés ficaram retorcidos, e ela teve que usar aparelhos nas pernas até os 9 anos. Depois precisou usar sapatos ortopédicos por mais dois anos. Com tratamento de fisioterapia, ela enfim conseguiu andar normalmente aos 12 anos e, pela primeira vez, podia praticar esportes na escola.

Foi aí que descobriu seu amor e talento pela corrida e começou a treinar. Quando tinha 16 anos, conseguiu um lugar na equipe olímpica de 1956 e, como seu mais jovem membro, ganhou uma medalha de bronze no revezamento 4 x 100. Ao voltar para casa, começou a treinar para as próximas Olimpíadas. Matriculou-se na Universidade Estadual do Tennessee e continuou a correr. Nas Olimpíadas de 1960, tornou-se a primeira mulher americana a ganhar três medalhas de ouro em um único evento olímpico. Foi saudada como "a mulher mais veloz na história" e se retirou das competições aos 22 anos.

Muitas pessoas atribuem a culpa pelas dificuldades que encontram na idade adulta aos problemas por que passaram durante a infância, mas Wilma, não. Poderia ter responsabilizado qualquer deficiência sua pelo fato de ter ficado doente quando criança ou pela possibilidade de sofrer preconceito por ser afro-americana e, ainda, por ter crescido no interior. Mas ela não pensava que o mundo lhe devia coisa alguma. Certa vez, disse: "Não importa o que você está tentando conquistar. É tudo uma questão de disciplina. Eu estava determinada a descobrir o que a vida me reservava além das ruas do interior." Foi assim que ela se transformou, de menina com aparelhos nas pernas para a mulher que ganhou uma medalha olímpica cinco anos depois. Wilma morreu em 1994, mas seu legado continua vivo e ela segue inspirando novas gerações de atletas.

Insistir que tem direito a mais do que a vida tem a lhe oferecer provavelmente não vai ajudar você, só vai fazê-lo gastar tempo e energia para terminar decepcionado. Lucas descobriu que podia melhorar seu desempenho no trabalho quando parou de tentar se mostrar e se tornou aberto ao aprendizado. E isso foi necessário para ajudá-lo em sua meta de subir na empresa.

Quando parar de exigir coisas e passar a se sentir satisfeito com o que tem, você vai colher grandes benefícios: vai seguir adiante com paz e contentamento, sem amargura nem egoísmo.

DICAS E ARMADILHAS COMUNS

Para aumentar sua força mental, às vezes é necessário que você aceite o que o mundo lhe oferece, sem reclamar, achando que merece algo melhor. Embora seja tentador dizer que nunca sentimos que o mundo nos deve algo (afinal de contas, essa não é uma característica agradável), há momentos em que pensamos dessa maneira. Preste muita atenção nas áreas de sua vida em que essa atitude provavelmente aparece e tome medidas para se livrar dessa mentalidade autodestrutiva.

O QUE AJUDA
- Desenvolver um nível saudável de autoestima.
- Reconhecer as áreas de sua vida nas quais você acredita ser superior.
- Concentrar-se no que tem a oferecer, e não no que deseja ter.
- Ajudar as pessoas que precisam.
- Comportar-se como um jogador de equipe.
- Pensar no sentimento dos outros.

O QUE NÃO AJUDA
- Ter excesso de confiança em si mesmo e em suas habilidades.
- Insistir que é melhor do que a maioria das pessoas em quase tudo o que faz.
- Calcular tudo o que acha que merece na vida.
- Recusar-se a dar algo aos outros por pensar que você não tem o que merece.
- Buscar o tempo todo o que é melhor para você.
- Levar apenas seus sentimentos em consideração.

CAPÍTULO 13

NÃO ESPERAM RESULTADOS IMEDIATOS

Paciência, persistência e suor são uma combinação imbatível para o sucesso.
– NAPOLEON HILL

Marcy não conseguia identificar a razão por que estava tão infeliz com sua vida, mas descrevia uma sensação geral de insatisfação. Explicou que seu casamento era "normal" e que tinha uma relação saudável com os dois filhos. Não se importava muito com o emprego, que com certeza não era a carreira de seus sonhos. Não se sentia tão feliz quanto achava que gostaria de ser e se via mais estressada do que a média das pessoas, mas não conseguia dar exemplos específicos.

Passara anos lendo um livro de autoajuda atrás do outro, mas nenhum deles mudou sua vida. E as três sessões de terapia que tivera no passado também não surtiram efeito. Ela estava certa de que a terapia não ajudaria, mas pensava que se pudesse mostrar a seu médico que havia tentado algumas sessões, ele ficaria mais disposto a lhe prescrever medicamentos que a deixassem mais feliz. Foi direta ao dizer que não tinha tempo nem energia para dedicar à terapia àquela altura da vida.

Admiti que Marcy estava certa. Se não fizesse esforço algum, a terapia não funcionaria. Mas também lhe expliquei que medicação não era uma solução milagrosa. Na verdade, a maioria dos antidepressivos leva pelo menos de quatro a seis semanas antes que as pessoas sintam qualquer tipo de mudança. Às vezes são necessários meses para se encontrar o remédio certo na dosagem correta.

Esclareci que a terapia não tinha que ser um compromisso para toda a vida. A curto prazo, ela poderia ser eficaz também. Não era a quantidade de sessões que fazia a diferença – era a quantidade de esforço que empregasse que determinaria o grau de sucesso de uma terapia e quão rapidamente os resultados poderiam ser observados. De posse dessa informação, Marcy disse que precisava de algum tempo para pensar em suas opções. Dentro de poucos dias, ela ligou e disse que tentaria a terapia e a transformaria em uma prioridade em sua vida.

Nas sessões seguintes, ficou claro que Marcy esperava resultados imediatos em muitas áreas de sua vida. Sempre que tentava algo novo, como exercícios físicos ou um hobby, desistia logo se não visse os resultados que desejava. Por vezes tentava melhorar seu casamento por querer uma relação "maravilhosa", não apenas "morna". Por umas semanas, se esforçava para ser a melhor esposa do mundo, mas, quando não experimentava de imediato a felicidade conjugal, acabava desistindo.

Nas semanas seguintes discutimos como suas expectativas de gratificação imediata tinham um impacto não só pessoal, mas profissional em sua vida. Sempre quisera ter um mestrado para subir na carreira, mas achava que duraria uma eternidade, então não se deu ao trabalho de se matricular. E agora, depois de adiar por mais de dez anos algo que demoraria dois para concluir, ela se sentia mais frustrada com isso do que nunca.

Marcy continuou indo à terapia e, nos meses seguintes, desenvolveu estratégias para ajudá-la a tolerar a frustração e ter mais paciência. Começou a examinar as diversas metas que queria alcançar – inclusive o aperfeiçoamento de sua formação e a melhora em seu casamento. Identificou pequenos passos práticos que podia dar e discutimos como ela mediria seu progresso. Marcy se dedicou a suas novas metas com uma nova atitude – sabia que levaria tempo para ver grandes resultados e se preparou para isso. Percebendo que sua recente determinação de criar mudança ajudou a melhorar sua vida, ela ficou mais esperançosa a respeito do futuro e mais confiante em relação a sua capacidade de seguir em frente, um passo de cada vez.

A PACIÊNCIA NÃO É A SUA VIRTUDE

Vivemos em um ritmo acelerado, mas não podemos ter tudo o que quisermos instantaneamente. Você pode querer melhorar seu casamento ou começar um negócio próprio, mas esperar resultados imediatos pode levá-lo ao fracasso. Alguma destas afirmações se aplica a você?

- Você não acredita que coisas boas acontecem para aqueles que esperam.
- Você pensa que tempo é dinheiro e não quer arriscar perder um único segundo.
- Paciência não é seu forte.
- Se não vê resultados imediatos, costuma presumir que o que está fazendo não está funcionando.
- Você quer que as coisas sejam feitas imediatamente.
- Está sempre procurando atalhos para não precisar gastar tanto tempo e energia para conseguir o que deseja.
- Sente-se frustrado quando outras pessoas não parecem seguir o seu ritmo.
- Você desiste quando não vê resultados logo.

- Você tem problemas para se manter fiel às suas metas.
- Você acha que tudo tem que acontecer depressa.
- Você tende a subestimar o tempo que vai demorar para alcançar suas metas ou realizar algo.

Pessoas mentalmente fortes reconhecem que uma solução rápida nem sempre é o melhor a se fazer. Se você quer alcançar seu pleno potencial, é necessário estar disposto a desenvolver expectativas realistas e ter a compreensão de que o sucesso não acontece da noite para o dia.

POR QUE ESPERAMOS RESULTADOS IMEDIATOS

Marcy sentiu que ficava mais impaciente à medida que envelhecia. Ela se tornava exigente quando as coisas não aconteciam no seu ritmo. Seu mantra se tornara "Não estou ficando mais jovem". Sua postura agressiva funcionava bem em algumas áreas de sua vida – seus filhos e colegas de trabalho faziam o que Marcy queria quando ela falava sério –, mas essa impaciência se espalhou para outras áreas nas quais não funcionava tão bem, o que acabava prejudicando algumas das suas relações.

Marcy não está sozinha em sua busca por um alívio imediato para seu desconforto. Um em cada dez americanos toma antidepressivos. Embora os medicamentos possam ajudar pessoas com depressão clínica, pesquisas mostram que a maioria das pessoas que os tomam não foi diagnosticada por um profissional de saúde mental. Ainda assim, enxergam a medicação como um atalho para melhorar sua vida. O mesmo acontece com crianças. Pais que têm filhos com problemas de comportamento pedem com frequência uma "pílula" que resolva o problema. O transtorno de déficit de atenção verdadeiro pode melhorar com medicação, mas não existe uma pílula milagrosa que faça as crianças se comportarem como num passe de mágica.

Vivemos em um mundo que anda depressa, "sem filas e sem espera". Não temos mais que enviar uma carta e esperar dias para que ela chegue. Podemos usar o e-mail para transmitir informações a qualquer lugar do mundo em segundos. Não precisamos esperar os comerciais terminarem para voltarmos a nosso programa favorito. Podemos ver filmes on-demand em um instante. Micro-ondas e fast food podem nos alimentar em minutos. E podemos pedir quase tudo o que quisermos on-line, e será entregue em nossa porta em 24 horas.

Além de nosso mundo veloz nos desencorajar a esperar, há sempre histórias sobre pessoas que se tornaram "um sucesso da noite para o dia". Ouvimos sobre um músico que foi descoberto no YouTube ou a estrela de um reality show que virou uma celebridade instantânea. Algumas empresas ganham milhões de dólares quando mal saíram do papel. Esse tipo de relato alimenta nosso desejo por resultados imediatos em qualquer coisa que estejamos fazendo.

Apesar das histórias das pessoas e empresas que conseguiram resultados imediatos, na verdade o sucesso quase nunca é instantâneo. O fundador do Twitter passou oito anos criando produtos para celulares e redes sociais antes de criar o Twitter. O primeiro iPod da Apple levou três anos e quatro versões para deslanchar. A Amazon não deu lucro nos primeiros sete anos de operação. Sempre há um folclore segundo o qual essas empresas se tornaram um sucesso imediato, mas isso só acontece porque as pessoas estão olhando para o resultado final, e não para todo o trabalho envolvido para se chegar lá.

Então não é de surpreender que esperemos resultados imediatos em outras áreas da nossa vida. Queremos as coisas já – quer estejamos tentando nos livrar de maus hábitos, como comer ou beber demais, pagar dívidas ou conseguir uma especialização. Eis mais algumas razões por que esperamos resultados imediatos:

- *Não temos paciência.* Fica evidente por nosso comportamento cotidiano que esperamos que as coisas aconteçam de imediato. Se não acontecem, desistimos. Um estudo descobriu que, quando se trata de tecnologia, nossa paciência dura dois segundos. Se em dois segundos o vídeo não carregar, abandonamos o site. Nossa paciência é curta, e quando não conseguimos os resultados que queremos na hora, isso afeta nosso comportamento.
- *Superestimamos nossas capacidades.* Às vezes tendemos a pensar que vamos nos sair tão bem em alguma coisa que os resultados virão depressa. Alguém pode presumir de forma equivocada que vai se tornar o maior vendedor da empresa já no primeiro mês de contrato ou que pode perder 10 quilos em apenas duas semanas. Superestimar suas capacidades pode deixá-lo decepcionado ao descobrir que não consegue alcançar o desempenho previsto.
- *Subestimamos o tempo que as mudanças demoram para acontecer.* Estamos tão acostumados com a tecnologia fazendo as coisas depressa que erramos ao presumir que mudanças podem acontecer rápido em todas as áreas de nossa vida. Perdemos de vista o fato de que mudanças pessoais, operações de negócios e pessoas não se movem nem de longe tão rápido quanto a tecnologia.

O PROBLEMA DE ESPERAR RESULTADOS IMEDIATOS

Marcy estava perdendo novas oportunidades porque queria fazer apenas coisas que fossem rápidas e indolores. Devotava incontáveis horas à leitura de livros de autoajuda mas não aplicava o que aprendia à sua vida. Desistia rápido da terapia e queria uma pílula mágica para resolver seus problemas. Não enxergava muitas chances de melhorar a vida porque sempre esperava resultados imediatos.

Expectativas irreais sobre como é fácil fazer mudanças e conseguir resultados rápidos podem levar você à frustração. Em um estudo de 1997, pesquisadores relataram ter descoberto que pacientes que estavam excessivamente confiantes em sua capacidade de se abster de álcool quando saíam de um centro de reabilitação tinham uma predisposição maior de voltar a beber do que pacientes menos confiantes. A confiança excessiva leva você a presumir que vai alcançar sua meta com facilidade – e então, se não consegue resultados imediatos, pode ser difícil manter seu curso.

Esperar resultados imediatos também pode fazer com que você abandone seus esforços antes do tempo. Se não vir resultados na hora, você pode presumir incorretamente que seus esforços não estão funcionando. O dono de uma empresa que investe dinheiro em uma nova campanha de marketing pode achar que seus esforços não deram certo porque não viu um crescimento instantâneo nas vendas. Mas talvez seu investimento em publicidade leve a um maior reconhecimento da marca e a um aumento constante das vendas a longo prazo. Ou, se você vai à academia durante um mês e não vê músculos mais desenvolvidos quando se olha no espelho, talvez pense que os exercícios sejam perda de tempo. Mas, na verdade, você está fazendo um progresso lento que dura muitos meses, não semanas. Pesquisas mostram que estamos desistindo de nossas metas mais rápido do que nunca. Um estudo de 1972 descobriu que 25% dos participantes abandonaram suas resoluções de Ano-Novo após quinze semanas. Em 1989, a mesma estatística se aplicava a quem abandonava as promessas depois de apenas uma semana.

Eis algumas consequências negativas que podem ocorrer quando você espera resultados imediatos:

- *Você pode ficar tentado a tomar atalhos.* Se não estiver conseguindo resultados rápido o bastante, você pode se sentir tentado a apressar as coisas de maneira não natural. Se não tiver os resultados que quiser em duas semanas, uma pessoa em dieta pode adotar uma dieta radical para acelerar o processo. Atletas que querem ficar mais fortes e velozes podem tomar anabolizantes. Mas esses atalhos podem ter consequências perigosas.
- *Você não vai estar preparado para o futuro.* Querer tudo agora vai impedi-lo de olhar para o quadro a longo prazo. O desejo de obter resultados imediatos é evidente na forma como as pessoas enxergam investimentos. Querem um retorno sobre eles agora, não daqui a trinta anos. Uma pesquisa de 2014 sobre a confiança na aposentadoria descobriu que 36% dos americanos têm menos de mil dólares em poupança ou investimento. É provável que fatores econômicos contribuam para que as pessoas não consigam guardar dinheiro para a aposentadoria, mas nosso desejo de gratificação instantânea possivelmente exerce um papel nisso também. As pessoas não querem separar dinheiro para investimentos de longo prazo porque querem desfrutar o dinheiro que têm hoje.
- *Você pode tirar conclusões erradas se nutrir expectativas irreais.* Se quer resultados imediatos, você pode ficar tentado

a presumir que já viu o bastante para tirar uma conclusão, mas na verdade pode não ter esperado tempo suficiente para ter uma ideia precisa da situação. Alguém que não consegue alavancar um negócio em um ano decide que é um enorme fracasso no mundo dos negócios porque não ganhou dinheiro, mas, na verdade, não deu tempo para sua nova empresa se tornar um negócio viável.
- *Você pode ter emoções negativas e desconfortáveis.* Você vai ficar decepcionado, impaciente e frustrado quando suas expectativas não forem realizadas. Quando essas emoções se intensificam, seu progresso pode ser prejudicado e você pode ficar tentado a desistir.
- *Você pode adotar comportamentos que boicotam suas metas.* Expectativas irreais podem influenciar seu comportamento e tornar ainda mais difícil alcançar os resultados que quer. Se espera que um bolo fique pronto rapidamente, pode abrir o forno repetidas vezes para checar. Porém, cada vez que abre o forno, algum calor escapa, o que, em última instância, faz o bolo demorar ainda mais para assar. Quando esperamos que as coisas aconteçam logo, nossos comportamentos podem interferir em nossos esforços sem percebermos.

COMPROMETA-SE COM O CAMINHO MAIS LONGO

Depois de aceitar que não veria resultados imediatos, Marcy teve que decidir se queria se comprometer a fazer mudanças com a terapia. Ela já estava bastante cansada de ver que as outras coisas não funcionavam e sabia que um comprometimento parcial de nada serviria. No fim do tratamento, ela também reconheceu que a melhora, como qualquer outra mudança na vida, não acontece de imediato, e que precisava continuar a dedicar tempo e energia ao crescimento pessoal durante a vida.

CRIE EXPECTATIVAS REALISTAS

Não dá para pagar uma dívida de 100 mil dólares com uma renda mensal de 50 mil em seis meses. Não dá para perder 12 quilos antes do verão se você esperar até dois meses antes para começar a se exercitar. E é provável que não vá subir na carreira corporativa durante seu primeiro ano no emprego. Se nutre expectativas desse tipo, nunca vai alcançar suas metas. Crie expectativas realistas que o mantenham entusiasmado ao longo do processo. Eis algumas estratégias para você aprender a criar expectativas mais realistas:

- *Não subestime a dificuldade de mudar.* Aceite que será difícil fazer algo diferente, lutar por uma meta ou abandonar um mau hábito.
- *Evite colocar um limite de tempo definido para alcançar sua meta.* É útil estimar um prazo de quando deve ver resultados, mas evite criar uma data definitiva. Algumas pessoas, por exemplo, afirmam que podem criar um bom hábito ou abandonar um ruim em uma certa quantidade de dias (os números mágicos parecem ficar entre 21 e 28, dependendo de que estudo você leia). Mas, se pensar bem a respeito, claro que isso não corresponde à realidade. Levaria uns dois dias para eu me acostumar a comer sorvete de sobremesa todos os dias, mas cerca de seis meses para abandonar o hábito de tomar uma xícara de café pela manhã. Por isso, não atribua um intervalo de tempo com base no que você acha que "deveria ser". Seja flexível e entenda que muitos fatores vão influenciar o momento em que os resultados vão começar a aparecer.

- *Não superestime o impacto dos resultados na sua vida.* Alguns pensam: *Se eu perder 10 quilos, todos os aspectos da minha vida ficarão melhores.* Mas, quando começam a perder peso, não veem os resultados milagrosos que imaginavam. Essas pessoas ficam frustradas porque superestimaram e exageraram o resultado.

RECONHEÇA QUE O PROGRESSO NEM SEMPRE É ÓBVIO

Diversos outros terapeutas e eu éramos facilitadores em um grupo de pais. A maior parte dos frequentadores tem filhos em idade pré-escolar, e o problema mais comum são as explosões de pirraça. É claro que os pequenos são notórios por se jogarem no chão, gritarem e chutarem quando não conseguem o que querem. Assim, como parte do programa, os pais foram encorajados a ignorar comportamentos para chamar atenção. Apesar de advertências de que esses comportamentos às vezes poderiam piorar antes de melhorar, os pais com frequência se convenciam de que ignorar não estava funcionando. Quando lhes perguntávamos como sabiam disso, diziam coisas como "Ele só começou a gritar mais alto" ou "Ela se levantou, correu para a minha frente e se jogou de novo no chão para continuar o ataque!".

O que esses pais não perceberam foi que suas tentativas de ignorá-los estavam funcionando. Eles estavam transmitindo às crianças a mensagem de que não iam mais ceder às suas pirraças, e os espertinhos estavam persistindo. Achavam que, se papai ou mamãe não estavam cedendo quando eles gritavam um pouco, talvez gritar mais alto pudesse dar certo. Mas, cada vez que os pais cediam, isso reforçava o mau comportamento dos filhos. No entanto, se eles conseguissem ignorar consistentemente essas tentativas de chamar atenção, seus filhos aprenderiam que os chiliques não eram uma forma eficaz de conseguir o que queriam.

Com frequência precisávamos assegurar aos pais que o fato de o comportamento dos filhos parecer estar piorando não significava que suas estratégias não estavam dando certo.

O progresso em direção a uma meta nem sempre é uma linha reta. Às vezes as coisas precisam piorar antes de melhorar. Outras vezes, você pode sentir que está dando dois passos para a frente e um para trás. No entanto, se conseguir se lembrar de manter o foco em suas metas de longo prazo, isso vai ajudá-lo a colocar os contratempos em perspectiva. Antes de estabelecer sua meta – seja começar um novo negócio ou aprender a meditar –, considere como vai avaliar seu progresso fazendo a si mesmo as seguintes perguntas:

- *Como vou saber se o que estou fazendo está funcionando?*
- *Qual é o prazo realista para eu começar a ver os primeiros resultados?*
- *Que espécie de resultados posso esperar dentro de uma semana, um mês, seis meses e um ano?*
- *Como vou saber se continuo no caminho certo para alcançar minha meta?*

PRATIQUE ADIAR A GRATIFICAÇÃO

Adiar a gratificação é algo em que algumas pessoas são melhores do que outras. Mas a verdade é que todos podem se deixar seduzir pela perspectiva da gratificação instantânea. Ela está no centro de muitos problemas, inclusive algumas questões de saúde física e mental importantes, problemas financeiros e vícios. Uma pessoa pode não resistir a um doce durante a dieta e outra pode não ser capaz de deixar o álcool, que causa tantos problemas em sua vida. Mesmo quem é bom em protelar a gratificação em algumas áreas da vida provavelmente tem fraquezas em outras.

Pegue, por exemplo, o caso de Daniel "Rudy" Ruettiger, cuja história inspiradora foi transformada em filme no começo dos anos 1990. Era o caso extremo de um azarão que perseverou com trabalho duro e dedicação. Como o terceiro de catorze irmãos, Rudy sonhara um dia cursar a Universidade Notre Dame. Mas lutava contra a dislexia e teve um desempenho acadêmico fraco. Tentou entrar na Notre Dame e foi rejeitado três vezes. Assim, matriculou-se na Universidade Holy Cross. Depois de dois anos de esforços, foi aceito na Notre Dame em 1974.

Ele aspirava a ser mais do que um estudante de sucesso – queria jogar no time de futebol americano. Mas com apenas 1,67 metro, não parecia um bom candidato. A universidade, no entanto, permitia que alunos fossem auxiliares, e Rudy conseguiu uma posição na equipe de apoio, cuja proposta era preparar o time principal para os jogos. Rudy se esforçou e deu o melhor de si nessa função. Sua dedicação e tenacidade conquistaram a admiração dos treinadores e dos colegas. Durante o último jogo de seu último ano, o técnico permitiu que ele jogasse na defesa nos últimos minutos da partida. Como sempre fizera nos treinos, deu o melhor de si no jogo e enfrentou com sucesso o zagueiro. Seus colegas ficaram tão orgulhosos dele que o carregaram para fora do campo aos gritos de "Rudy! Rudy! Rudy!".

Rudy claramente era alguém que conseguia adiar sua gratificação. Ele passou anos se esforçando para alcançar suas metas e com certeza não esperava resultados imediatos – e apenas participou de alguns minutos em uma única partida de verdade.

Mas saber se esforçar e perseverar em algumas áreas de sua vida não significava que ele era imune à atração da gratificação instantânea. Em 2011, Rudy foi acusado de fraude de seguros depois que o órgão regulador do sistema financeiro americano revelou que tinha participado de um esquema criminoso. Rudy criara uma empresa que fabricava um energético chamado "Rudy". No entanto, o órgão descobriu que ele e os outros donos da empresa tinham feito afirmações falsas sobre o sucesso do negócio na tentativa de elevar o valor das ações e vendê-las a preços inflacionados. Ele nunca admitiu a culpa, mas fez um acordo e foi forçado a pagar 300 mil dólares em multas.

O homem que um dia fora saudado como herói por seu esforço e sua perseverança se deixou seduzir por um esquema de enriquecimento rápido. A história de Rudy mostra como nosso desejo de persistir em certas épocas de nossa vida pode ser forte e quão rápido estamos dispostos a jogar a toalha em outros momentos. Renunciar à gratificação instantânea exige uma vigilância constante. Eis algumas estratégias para ajudá-lo a evitar a perspectiva de resultados imediatos:

- *Mantenha os olhos no prêmio.* Sempre tenha a meta final em mente para permanecer motivado nos dias em que sentir vontade de desistir. Lembre-se de suas metas de um modo criativo. Escreva o que deseja conquistar em um papel e pendure-o na parede ou transforme suas metas no protetor de tela de seu computador. Visualize-se todo dia alcançando seu objetivo e isto ajudará você a permanecer motivado.
- *Celebre pequenas conquistas durante o caminho.* Você não tem que esperar até alcançar sua meta para celebrar suas conquistas. Crie objetivos de curto prazo e comemore quando alcançar cada um deles. Mesmo algo pequeno como sair para jantar com a família pode ajudá-lo a reconhecer seu progresso no caminho.
- *Crie um plano para resistir às tentações.* Sempre há oportunidades para ceder à gratificação imediata. Se estiver tentando perder peso, vão aparecer doces para desafiar a sua dieta. E, se estiver tentando se manter dentro de um orçamento, coisas caras sempre vão ser problema. Crie um plano ante-

cipado para ajudá-lo a se afastar das tentações que podem tirar você do caminho e o impedirem de ter sucesso.
- *Lide com a frustração e a impaciência de forma saudável.* Alguns dias você vai ter vontade de desistir, questionando se deve ou não continuar. Mas não desista apenas porque está com raiva, decepcionado ou frustrado. Encontre meios saudáveis para lidar com esses sentimentos e saiba que eles serão parte do processo.
- *Estabeleça um ritmo para si.* Você corre o risco de se estressar se ficar esperando resultados imediatos, não importa o que esteja fazendo. Estabeleça um ritmo de forma que suas tentativas de alcançar suas metas sejam metódicas. Aprender o valor de um ritmo lento e constante nos ajuda a desenvolver a paciência e assegura que permaneçamos na rota certa, em vez de correr o mais depressa possível para conseguir o que queremos.

ESPERAR A GRATIFICAÇÃO TORNA VOCÊ MAIS FORTE

A jornada de James Dyson começou em 1979. Quando ficou frustrado porque seu aspirador de pó perdera a sucção, resolveu construir um melhor, que usava a força centrífuga em vez de um saco para separar o ar da sujeira. Passou cinco anos criando um protótipo atrás do outro, mais de 5 mil no total, até ficar satisfeito com o produto.

Depois de ter criado um aspirador de pó no qual acreditava, sua trajetória ainda estava longe de terminar. Passou diversos anos tentando encontrar um fabricante que estivesse interessado em licenciar seu produto. Quando ficou claro que os fabricantes no mercado não estavam interessados, Dyson decidiu abrir a própria fábrica. O primeiro aspirador foi vendido em 1993 – catorze anos depois de ele ter começado a trabalhar no primeiro conceito. No entanto, seus esforços com certeza compensaram quando seu aspirador se tornou o mais vendido na Grã-Bretanha. Em 2002, um em cada quatro lares tinha um aspirador de pó Dyson.

É provável que James Dyson tivesse desistido há muito tempo se esperasse erguer um negócio de sucesso da noite para o dia. Mas sua perseverança e paciência valeram a pena. Mais de três décadas depois, ele vende aspiradores de pó em 24 países e construiu uma empresa que vende mais de 10 bilhões de dólares em produtos por ano.

Para alcançar seu pleno potencial, é necessário demonstrar força de vontade para resistir à tentação do curto prazo. A capacidade de adiar a gratificação por ora para conseguir o que se quer mais à frente é fundamental para o sucesso. Eis o que as pesquisas dizem sobre os benefícios de adiar a gratificação:

- A autodisciplina é mais importante do que o QI para prever seu sucesso acadêmico.
- Um maior autocontrole em estudantes universitários está correlacionado a maior autoestima, maiores médias, menos abuso de comida e álcool e melhores habilidades interpessoais.
- A capacidade de esperar a gratificação está associada a taxas mais baixas de depressão e ansiedade.
- Crianças com grande autocontrole têm menos problemas mentais e físicos, menos problemas com drogas, menos envolvimento em crimes e maior segurança financeira quando adultas.

Sua meta pode ser economizar dinheiro para viajar nas férias no ano que vem ou educar crianças que se tornem adultos responsáveis, mas estabeleça para si mesmo expectativas realistas e não espere ver os resultados amanhã. Esteja disposto a se comprometer com o longo prazo e isso vai aumentar suas chances de alcançar suas metas.

DICAS E ARMADILHAS COMUNS

É provável que haja algumas áreas de sua vida em que seja mais fácil criar expectativas realistas. Talvez você esteja disposto a voltar à faculdade com o entendimento de que vai demorar anos para se formar e ganhar mais dinheiro. Ou talvez esteja disposto a investir numa previdência privada sabendo que levará anos para colher os benefícios. Mas também é provável que existam áreas nas quais você quer que as coisas aconteçam de imediato. Talvez não queira esperar que seu casamento melhore ou não queira abrir mão das comidas de que gosta, apesar das advertências do médico. Busque as áreas de sua vida em que você pode melhorar e se concentre em descobrir estratégias que o ajudem a desenvolver as habilidades necessárias para fazer um progresso lento, mas constante.

O QUE AJUDA
- Criar expectativas realistas sobre quanto vai demorar para alcançar sua meta e quão difícil isso vai ser.
- Encontrar maneiras precisas de avaliar seu progresso.
- Celebrar as pequenas conquistas em sua trajetória.
- Lidar com sentimentos negativos de forma saudável.
- Desenvolver um plano que o ajude a resistir às tentações.
- Aceitar a importância de trilhar o caminho mais longo.

O QUE NÃO AJUDA

- Esperar resultados instantâneos.
- Presumir que não está fazendo progresso só porque as coisas não melhoram de imediato.
- Esperar chegar até o fim da jornada para comemorar.
- Permitir que a frustração e a impaciência afetem seu comportamento.
- Prever que tem força de vontade bastante para resistir a todas as tentações.
- Buscar atalhos para evitar o trabalho necessário para alcançar sua meta.

CONCLUSÃO

MANTENDO A FORÇA MENTAL

Para aumentar sua força mental, você não precisa apenas ler este livro e declarar que é durão. É importante incorporar estratégias em sua vida que o ajudem a alcançar seu pleno potencial. Da mesma forma que precisa se esforçar para manter a força física, a força mental exige manutenção constante. E sempre existe oportunidade para se aprimorar. Se seus músculos mentais não receberem a devida atenção, eles vão atrofiar.

Ninguém é imune a cometer erros e ter dias ruins. Haverá momentos em que as emoções vão dominar você, momentos em que vai acreditar em pensamentos que não são verdadeiros e também aqueles em que vai mergulhar em comportamentos autodestrutivos ou improdutivos. Mas esses momentos vão diminuir com o passar do tempo se você trabalhar ativamente para aumentar sua força mental.

TREINE A SI MESMO

Um bom treinador deve oferecer apoio e orientações para ajudá-lo a melhorar. Esteja disposto a agir da mesma forma consigo mesmo. Veja o que está fazendo bem e aposte em seus pontos fortes. Identifique áreas que precisa aperfeiçoar e se desafie a fazer isso. Crie oportunidades de crescimento, mas entenda que você nunca será perfeito. Tente melhorar um pouquinho a cada dia, seguindo estes passos:

- **Monitore seu comportamento** – Preste atenção nos momentos em que seu comportamento boicota seus esforços para aumentar sua força mental, como repetir os mesmos erros, evitar a mudança ou desistir depois do primeiro fracasso. Depois identifique estratégias para se comportar de maneira mais produtiva.
- **Regule suas emoções** – Preste atenção nos momentos em que sente pena de si mesmo, teme riscos calculados, sente-se como se o mundo lhe devesse algo, tem medo de ficar sozinho, se ressente do sucesso dos outros ou se preocupa em agradar todo mundo. Não permita que sentimentos desse tipo o afastem de seu pleno potencial. Lembre-se: se quiser mudar a forma como se sente, tem que mudar sua forma de pensar e de se comportar.
- **Avalie seus pensamentos** – É necessário algum tempo e energia para você de fato analisar seus pensamentos. Pensamentos positivos ou negativos em excesso vão influenciar sua forma de se comportar e podem interferir na sua busca por uma força mental maior. Avalie se seus pensamentos são realistas antes de determinar um plano de ação para tomar as melhores decisões por si mesmo. Identifique crenças e pensamentos que podem ser prejudiciais, tais como aqueles que o encorajam a abrir mão de seu poder, gastar energia em coisas que não pode controlar, ficar preso ao passado ou esperando resultados imediatos. Substitua-os por pensamentos mais realistas e produtivos.

Assim como um bom treinador encoraja um estilo de vida saudável fora da academia, você vai ter que criar um estilo de vida que proporcione o aumento da sua força mental. É impossível fazer isso se você não estiver cuidando do seu corpo. Não comer direito e não dormir o suficiente torna difícil administrar suas emoções, pensar com clareza e se comportar de forma produtiva. Adote medidas para assegurar a manutenção de um ambiente que deixará você mais perto do sucesso.

Embora aumentar sua força mental seja uma jornada pessoal, você não tem que segui-la completamente sozinho. É difícil dar o melhor de si sem o auxílio dos outros. Peça ajuda quando precisar e cerque-se de gente que o apoie. As pessoas às vezes podem oferecer dicas e estratégias sobre o que é útil para elas que, por sua vez, podem ser aplicadas à sua vida. Se você descobrir que seus amigos e sua família não estão sendo capazes de oferecer o tipo de apoio de que precisa, busque ajuda profissional. Um terapeuta qualificado pode ajudá-lo em seus esforços de mudança.

Com o aumento de sua força mental você vai perceber que nem todos estão interessados em fazer o mesmo. Não se pode forçar ninguém a mudar de vida – essa é uma decisão pessoal. Mas, em vez de reclamar das pessoas que não são mentalmente fortes, comprometa-se a ser um exemplo para os outros. Ensine seus filhos a terem a mente forte porque eles não vão aprender isso no mundo lá fora. Mas, se buscar dar o melhor de si, as pessoas ao seu redor vão perceber – inclusive seus filhos.

FRUTOS DO SEU TRABALHO

Lawrence Lemieux é um velejador canadense que competiu em dois jogos olímpicos. Velejava desde criança e, nos anos 1970, se apaixonou por velejar solo. Batalhou para melhorar suas habilidades e começou a competir. Em 1988, viajou para as Olimpíadas de Seul, em que a chance de ganhar uma medalha parecia promissora.

No dia da prova, as condições eram desafiadoras. Ventos fortes e correntes oceânicas rápidas criavam ondas incomumente altas. Apesar disso, Lemieux largou na frente, mas as ondas de mais de 2 metros o impediram de enxergar as boias fluorescentes que marcavam o curso e ele perdeu uma das marcas. Foi forçado a voltar à boia que perdera antes de reassumir o lugar na prova. Embora tenha se atrasado um pouco, conseguiu manter o segundo lugar e ainda era um forte concorrente a uma medalha.

Mas ele seguiu em frente e viu que a dupla da equipe de Cingapura estava com o barco virado. Um dos homens estava muito ferido e se agarrava ao casco; o outro estava sendo levado para longe do barco pela correnteza. Dadas as condições do mar, Lemieux sabia que aquele homem poderia facilmente se afastar antes de ser resgatado por um bote de salvamento. Apesar de décadas de treinamento com aquele único objetivo, Lemieux deixou tudo de lado em uma fração de segundo. Sem hesitar, virou seu barco, resgatou os velejadores de Cingapura e aguardou com eles até que fossem levados com segurança pela marinha coreana.

Lemieux retomou a prova, mas já era tarde para conquistar uma medalha. Terminou em 22º lugar. Na cerimônia de entrega das medalhas, o presidente do Comitê Olímpico Internacional deu a ele a medalha Pierre de Coubertin por seu espírito esportivo, seu sacrifício e sua coragem.

O valor pessoal de Lemieux não dependia de ele ter ganhado ou não uma medalha de ouro. Ele não sentia que o mundo – ou as Olimpíadas – lhe devia coisa alguma. Lemieux teve a força mental necessária para viver de acordo com seus valores e fazer o que achava certo, mesmo que isso o impedisse de alcançar sua meta original.

Desenvolver força mental não tem a ver com ser o melhor em tudo. Nem com ganhar mais dinheiro e ter conquistas maiores. Significa saber que você vai ficar bem, não importa o que aconteça. Se tiver força mental, você vai estar mais bem preparado para qualquer circunstância – problemas pessoais sérios, uma crise financeira ou uma tragédia familiar. Estará pronto não apenas para lidar com a realidade da vida, mas para viver de acordo com seus valores, não importa o que a vida lhe apresente.

Quando se tornar mentalmente forte, você vai oferecer ao mundo o melhor de si, vai ter a coragem para fazer o que é certo e se sentir de fato confortável com quem você é e com o que é capaz de conquistar.

REFERÊNCIAS

CAPÍTULO 1

Denton, Jeremiah. *When Hell Was in Session*. Washington, DC: WND Books, 2009.

Emmons, Robert e Michael McCullough. "Counting Blessings Versus Burdens: An Experimental Investigation of Gratitude and Subjective Well-Being in Daily Life." *Journal of Personality and Social Psychology* 84, nº 2 (2003): 377-389.

Milanovic, Branko. *The Have and the Have-Nots: A Brief and Idiosyncratic History of Global Inequality*. Nova York: Basic Books, 2012.

Runyan, Marla. *No Finish Line: My Life as I See It*. Nova York: Berkley, 2002.

Stober, J. "Self-pity: Exploring the Links to Personality, Control Beliefs, and Anger." *Journal of Personality* 71 (2003): 183-221.

United Nations Development Programme (2013). Human Development Report 2013. Nova York.

CAPÍTULO 2

Arnold, Johann Christoph. *Why Forgive?* Walden: Plough Publishing House, 2014.

Carson, J., F. Keefe, V. Goli, A. Fras, T. Lynch, S. Thorp e J. Buechler. "Forgiveness and Chronic Low Back Pain: A Preliminary Study Examining the Relationship of Forgiveness to Pain, Anger, and Psychological Distress." *Journal of Pain*, nº 6 (2005): 84-91.

Kelley, Kitty. *Oprah: Uma biografia*. Rio de Janeiro: Sextante, 2010.

Lawler, K. A., J. W. Younger, R. L. Piferi, E. Billington, R. Jobe, K. Edmondson et al. "A Change of Heart: Cardiovascular Correlates of Forgiveness in Response to Interpersonal Conflict". *Journal of Behavioral Medicine*, nº 26 (2003): 373-393.

Moss, Corey. "Letter Saying Madonna 'Not Ready' for Superstardom for Sale". MTV, 17 de julho de 2001. Disponível em: http://www.mtv.com/news/1445215/lettersaying-madonna-not-ready--for-superstardom-for-sale/.

Ng, David. "MoMA Owns Up to Warhol Rejection Letter from 1956". *LA Times*, 29 de outubro de 2009. Disponível em: http://latimesblogs.latimes.com/culturemonster/2009/10/moma-o-wns-up-to-warhol-rejection-letter-from-1956.html.

Toussaint, L. L., A. D. Owen e A. Cheadle. "Forgive to Live: Forgiveness, Health, and Longevity". *Journal of Behavioral Medicine* 35, nº 4 (2012): 375-386.

CAPÍTULO 3

Lally, P., C. H. M. van Jaarsveld, H.W.W. Potts e J. Wardle. "How Are Habits Formed: Modelling Habit Formation in the Real World". *European Journal of Social Psychology*, nº 40 (2010): 998-1009.

Mathis, Greg e Blair S. Walker. *Inner City Miracle*. Nova York: Ballantine, 2002.

Prochaska, J. O., C. C. DiClemente e J. C. Norcross. "In Search of How People Change: Applications to Addictive Behaviors". *American Psychologist*, nº 47 (1992): 1102-1114.

CAPÍTULO 4

April, K., B. Dharani e B. K. G. Peters. "Leader Career Success and Locus of Control Expectancy". *Academy of Taiwan Business Management Review* 7, nº 3 (2011): 28-40.

April, K., B. Dharani e B. K. G. Peters. "Impact of Locus of Control

Expectancy on Level of Well-Being". *Review of European Studies* 4, nº 2 (2012): 124-137.

Krause, Neal e Sheldon Stryker. "Stress and Well-Being: The Buffering Role of Locus of Control Beliefs". *Social Science and Medicine* 18, nº 9 (1984): 783-790.

Scrivener, Leslie. *Terry Fox: His Story*. Toronto: McClelland and Stewart, 2000.

Stocks, A., K. A. April e N. Lynton. "Locus of Control and Subjective Well-Being: A Cross-Cultural Study in China and Southern Africa". *Problems and Perspectives in Management* 10, nº 1 (2012): 17-25.

CAPÍTULO 5

Exline, J. J., A. L. Zell, E. Bratslavsky, M. Hamilton e A. Swenson. "People-Pleasing Through Eating: Sociotropy Predicts Greater Eating in Response to Perceived Social Pressure". *Journal of Social and Clinical Psychology*, nº 31 (2012): 169-193.

"Jim Buckmaster". Craigslist, 12 de agosto de 2014. Disponível em: http://www.craigslist.org/about/jim_buckmaster.

Muraven, M., M. Gagne e H. Rosman. "Helpful Self-Control: Autonomy Support, Vitality, and Depletion". *Journal of Experimental Social Psychology*, nº 44 (2008): 573-585.

Ware, Bronnie. *Antes de partir*. São Paulo: Geração Editorial, 2012.

CAPÍTULO 6

"Albert Ellis and Rational Emotive Behavior Therapy". REBT Network, 16 de maio de 2014. Disponível em: http://www.rebtnetwork.org/ask/may06.html.

Branson, Richard. "Richard Branson on Taking Risks". *Entrepreneur*, 10 de junho de 2013. Disponível em: http://www.entrepreneur.com/article/226942.

Harris, A. J. L. e U. Hahn. "Unrealistic Optimism About Future Life

Events: A Cautionary Note". *Psychological Review*, nº 118 (2011): 135-154.

Kasperson, R., O. Renn, P. Slovic, H. Brown e J. Emel. "Social Amplification of Risk: A Conceptual Framework". Risk Analysis 8, nº 2 (1988): 177-187.

Kramer, T. e L. Block. "Conscious and Non-Conscious Components of Superstitious Beliefs in Judgment and Decision Making". *Journal of Consumer Research*, nº 34 (2008): 783-793.

"Newborns Exposed to Dirt, Dander and Germs May Have Lower Allergy and Asthma Risk". *Johns Hopkins Medicine*, 25 de setembro de 2014. Disponível em: http://www. hopkinsmedicine.org/news/media/releases/newborns_exposed_to_dirt_dander_and_germs_may_have_lower_allergy_and_asthma_risk.

Rastorfer, Darl. *Six Bridges: The Legacy of Othmar H. Ammann*. New Haven: Yale University Press, 2000.

Ropeik, David. "How Risky is Flying?" PBS, 17 de outubro de 2006. Disponível em: http://www.pbs.org/wgbh/nova/space/how-risky-is-flying.html.

Thompson, Suzanne C. "Illusions of Control: How We Overestimate Our Personal Influence". *Current Directions in Psychological Science*, nº 6 (1999): 187-190.

Thompson, Suzanne C., Wade Armstrong e Craig Thomas. "Illusions of Control, Underestimations, and Accuracy: A Control Heuristic Explanation". *Psychological Bulletin* 123, nº 2 (1998): 143-161.

Trimpop, R. M. *The Psychology of Risk Taking Behavior (Advances in Psychology)*. Amsterdã: North Holland, 1994.

Yip, J. A., e S. Cote. "The Emotionally Intelligent Decision Maker: Emotion-Understanding Ability Reduces the Effect of Incidental Anxiety on Risk Taking". *Psychological Science*, nº 24 (2013): 48-55.

CAPÍTULO 7

Birkin, Andrew. *J. M. Barrie and the Lost Boys: The Real Story Behind Peter Pan*. Hartford: Yale University Press, 2003.

Brown, Allie. "From Sex Abuse Victim to Legal Advocate". CNN, 7 de janeiro de 2010. Disponível em: http://www.cnn.com/2010/LIVING/01/07/cnnheroes.ward.

Denkova, E., S. Dolcos e F. Dolcos. "Neural Correlates of 'Distracting' from Emotion During Autobiographical Recollection". *Social Cognitive and Affective Neuroscience* 9, nº 4 (2014): doi: 10.1093/scan/nsu039.

"Dwelling on Stressful Events Can Cause Inflammation in the Body, Study Finds". Ohio University, 13 de março de 2013. Disponível em: http://www.ohio.edu/research/communications/zoccola.cfm.

Kinderman, P., M. Schwannauer, E. Pontin e S. Tai. "Psychological Processes Mediate the Impact of Familial Risk, Social Circumstances and Life Events on Mental Health". *PLoS ONE* 8, nº 10 (2013): e76564.

Watkins, E. R. "Constructive and Unconstructive Repetitive Thought". *Psychological Bulletin* 134, nº 2 (2008): 163-206.

CAPÍTULO 8

Ariely, D. e K. Wertenbroch. "Procrastination, Deadlines, and Performance: Self-Control by Precommitment". *Psychological Science* 13, nº 3 (2002): 219-224.

D'Antonio, Michael. *Hershey: Milton S. Hershey's Extraordinary Life of Wealth, Empire, and Utopian Dreams*. Nova York: Simon and Schuster, 2006.

Grippo, Robert. *Macy's: The Store, The Star, The Story*. Garden City Park, NY: Square One Publishers, 2008.

Hassin, Ran, Kevin Ochsner e Yaacov Trope. *Self Control in Society, Mind, and Brain*. Nova York: Oxford University Press, 2010.

Hays, M. J., N. Kornell e R. A. Bjork. "When and Why a Failed Test

Potentiates the Effectiveness of Subsequent Study". *Journal of Experimental Psychology: Learning, Memory, and Cognition* 39, nº 1 (2012): 290-296.

Moser, Jason, Hans Schroder, Carrie Heeter, Tim Moran e Yu-Hao Lee. "Mind Your Errors. Evidence for a Neural Mechanism Linking Growth Mind-Set to Adaptive Post-error Adjustments". *Psychological Science* 22, nº 12 (2011): 1484-1489.

Trope, Yaacov, e Ayelet Fishbach. "Counteractive Self-Control in Overcoming Temptation". *Journal of Personality and Social Psychology* 79, nº 4 (2000): 493-506.

CAPÍTULO 9

Bernstein, Ross. *America's Coach: Life Lessons and Wisdom for Gold Medal Success: A Biographical Journey of the Late Hockey Icon Herb Brooks.* Eagan: Bernstein Books, 2006.

Chou, H. T. G. e N. Edge. "They Are Happier and Having Better Lives than I Am: The Impact of Using Facebook on Perceptions of Others' Lives". *Cyberpsychology, Behavior, and Social Networking* 15, nº 2 (2012): 117.

Cikara, Mina e Susan Fiske. "Their Pain, Our Pleasure: Stereotype Content and Schadenfreude". *Sociability, Responsibility, and Criminality: From Lab to Law* 1299 (2013): 52-59.

"Hershey's Story". The Hershey Company, 2 de junho de 2014. Disponível em: http://www.thehersheycompany.com/about-hershey/our-story/hersheys-history.aspx.

Krasnova, H., H. Wenninger, T. Widjaja e P. Buxmann. (2013) "Envy on Facebook: A Hidden Threat to Users' Life Satisfaction?" 11ª Conferência Internacional em Wirtschaftsinformatik (WI), Leipzig, Alemanha.

CAPÍTULO 10

Barrier, Michael. *The Animated Man: A Life of Walt Disney*. Oakland: University of California Press, 2008.

Breines, Juliana e Serena Chen. "Self-Compassion Increases Self--Improvement Motivation". *Personality and Social Psychology Bulletin* 38, nº 9 (2012): 1133-1143.

Dweck, C. "Self-Theories: Their Role in Motivation, Personality and Development". Filadélfia: Psychology Press, 2000.

Mueller, Claudia e Carol Dweck. "Praise for Intelligence Can Undermine Children's Motivation and Performance". *Journal of Personality and Social Psychology* 75, nº 1 (1998): 33-52.

Pease, Donald. *Theodor SUESS Geisel (Lives and Legacies Series)*. Nova York: Oxford University Press, 2010.

Rolt-Wheeler, Francis. *Thomas Alva Edison*. Ulan Press, 2012.

"Wally Amos". Bio, 1º de julho de 2014. Disponível em: http://www.biography.com/people/wally-amos-9542382#awesm=~oHt-3n9O15sGvOD.

CAPÍTULO 11

Doane, L. D. e E. K. Adam. "Loneliness and Cortisol: Momentary, Day-to-Day, and Trait Associations". *Psychoneuroendocrinology* 35, nº 3 (2010): 430-441.

Dugosh, K. L., P. B. Paulus, E. J. Roland et al. Department of Psychology, University of Texas at Arlington. "Cognitive Stimulation in Brainstorming". *Journal of Personality and Social Psychology* 79, nº 5 (2000): 722-735.

Harris, Dan. *10% mais feliz*. Rio de Janeiro: Sextante, 2015.

Hof, Wim e Justin Rosales. *Becoming the Iceman*. Minneapolis: Mill City Press, 2011.

Kabat-Zinn, Jon e Thich Nhat Hanh. *Full Catastrophe Living (Revised Edition): Using the Wisdom of Your Body and Mind to Face Stress, Pain, and Illness*. Nova York: Bantam, 2013.

Larson, R. W. "The Emergence of Solitude as a Constructive Domain of Experience in Early Adolescence". *Child Development*, nº 68 (1997): 80-93.

Long, C. R. e J. R. Averill. "Solitude: An Exploration of the Benefits of Being Alone". *Journal for the Theory of Social Behaviour*, nº 33 (2003): 21-44.

Manalastas, Eric. "The Exercise to Teach the Psychological Benefits of Solitude: The Date with the Self". *Philippine Journal of Psychology* 44, nº 1 (2010): 94-106.

CAPÍTULO 12

Cross, P. "Not Can but Will College Teachers Be Improved?" *New Directions for Higher Education*, nº 17 (1977): 1-15.

Smith, Maureen Margaret. *Wilma Rudolph: A Biography*. Westport: Greenwood, 2006.

Twenge, Jean. *Generation Me: Why Today's Young Americans Are More Confident, Assertive, Entitled – and More Miserable Than Ever Before*. Nova York: Atria Books, 2014.

Twenge, Jean e Keith Campbell. *The Narcissism Epidemic: Living in the Age of Entitlement*. Nova York: Atria Books, 2009.

Zuckerma, Esra W. e John T. Jost. "It's Academic". Stanford GSB Reporter (24 de abril de 2000): 14-15.

CAPÍTULO 13

Duckworth, A. e M. Seligman. "Self-Discipline Outdoes IQ in Predicting Academic Performance in Adolescents". *Psychological Science*, nº 16 (2005): 939-944.

Dyson, James. *Against the Odds: An Autobiography*. Nova York: Texere, 2000.

Goldbeck, R., P. Myatt e T. Aitchison. "End-of-Treatment Self-Efficacy: A Predictor of Abstinence". *Addiction*, nº 92 (1997): 313-324.

Marlatt, G. A. e B. E. Kaplan. "Self-Initiated Attempts to Change Behavior: A Study of New Year's Resolutions". *Psychological Reports*, nº 30 (1972): 123-131.

Moffitt, T. et al. "A Gradient of Childhood Self-Control Predicts Health, Wealth, and Public Safety". *Proceedings of the National Academy of Sciences*, 108 (2011): 2693-2698.

Mojtabai, R. "Clinician-Identified Depression in Community Settings: Concordance with Structured-Interview Diagnoses". *Psychotherapy and Psychosomatics* 82, nº 3 (2013): 161-169.

Norcross, J. C., A. C. Ratzin e D. Payne. "Ringing in the New Year: The Change Processes and Reported Outcomes of Resolutions". *Addictive Behaviors*, nº 14 (1989): 205-212.

Polivy, J. e C. P. Herman. "If at First You Don't Succeed. False Hopes of Self-Change". *The American Psychologist* 57, nº 9 (2002): 677-689.

"Ramesh Sitaraman's Research Shows How Poor Online Video Quality Impacts Viewers". UMass Amherst, 4 de fevereiro de 2013. Disponível em: https://www.cs.umass.edu/news/latest-news/research-online-videos.

Ruettiger, Rudy e Mark Dagostino. *Rudy: My Story*. Nashville: Thomas Nelson, 2012.

Tangney, J., R. Baumeister e A. L. Boone. "High Self-Control Predicts Good Adjustment, Less Pathology, Better Grades, and Interpersonal Success". *Journal of Personality*, nº 72 (2004): 271-324.

"2014 Retirement Confidence Survey". EBRI, março de 2014. Disponível em: http://www.ebri.org/pdf/briefspdf/EBRI_IB_397_Mar14.RCS.pdf.

Vardi, Nathan. "Rudy Ruettiger: I Shouldn't Have Been Chasing the Money". *Forbes*, 11 de junho de 2012. Disponível em: http://www.forbes.com/sites/nathanvardi/2012/06/11/rudy-ruettiger-i-shouldnt-have-been-chasing-the-money.

CONHEÇA ALGUNS DESTAQUES DE NOSSO CATÁLOGO

- Augusto Cury: Você é insubstituível (2,8 milhões de livros vendidos), Nunca desista de seus sonhos (2,7 milhões de livros vendidos) e O médico da emoção
- Dale Carnegie: Como fazer amigos e influenciar pessoas (16 milhões de livros vendidos) e Como evitar preocupações e começar a viver
- Brené Brown: A coragem de ser imperfeito – Como aceitar a própria vulnerabilidade e vencer a vergonha (600 mil livros vendidos)
- T. Harv Eker: Os segredos da mente milionária (2 milhões de livros vendidos)
- Gustavo Cerbasi: Casais inteligentes enriquecem juntos (1,2 milhão de livros vendidos) e Como organizar sua vida financeira
- Greg McKeown: Essencialismo – A disciplinada busca por menos (400 mil livros vendidos) e Sem esforço – Torne mais fácil o que é mais importante
- Haemin Sunim: As coisas que você só vê quando desacelera (450 mil livros vendidos) e Amor pelas coisas imperfeitas
- Ana Claudia Quintana Arantes: A morte é um dia que vale a pena viver (400 mil livros vendidos) e Pra vida toda valer a pena viver
- Ichiro Kishimi e Fumitake Koga: A coragem de não agradar – Como se libertar da opinião dos outros (200 mil livros vendidos)
- Simon Sinek: Comece pelo porquê (200 mil livros vendidos) e O jogo infinito
- Robert B. Cialdini: As armas da persuasão (350 mil livros vendidos)
- Eckhart Tolle: O poder do agora (1,2 milhão de livros vendidos)
- Edith Eva Eger: A bailarina de Auschwitz (600 mil livros vendidos)
- Cristina Núñez Pereira e Rafael R. Valcárcel: Emocionário – Um guia lúdico para lidar com as emoções (800 mil livros vendidos)
- Nizan Guanaes e Arthur Guerra: Você aguenta ser feliz? – Como cuidar da saúde mental e física para ter qualidade de vida
- Suhas Kshirsagar: Mude seus horários, mude sua vida – Como usar o relógio biológico para perder peso, reduzir o estresse e ter mais saúde e energia

sextante.com.br